開くたびにワクワクする

和気文具の手帳アイデア

今田里美

KADOKAWA

chapter 1

diary methods

書く

スケジュール帳や日記、趣味のコレクションノートなど、
日々の暮らしに寄り添う手帳。
書くことは歩みの記録です。自分が見えてくると同時に、
明日への元気やヒントをもらえます。

chapter ❷

handmade diaries
作る

使いやすさや自分らしさを求めるなら、
ライフスタイルにあわせて手作りするのが一番。
とことんこだわって、毎日が快適で
ハッピーになる手帳に仕上げましょう。

chapter 3

using stationeries

彩る

機能的で、見た目が整った手帳に欠かせないのは彩り。
使い勝手がよくなるばかりか、
手帳を開くたびに癒されたり、
力が湧いてきたりします。

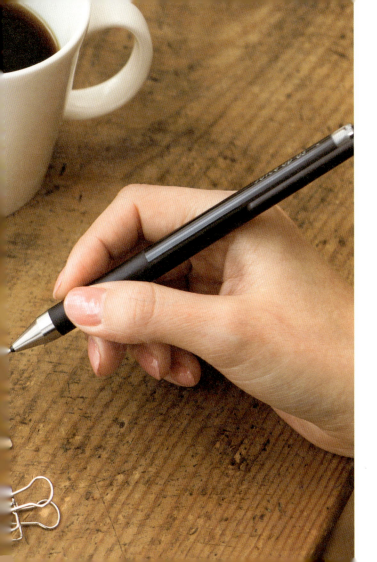

chapter 4

decorations

飾る

だれもがあこがれるのは、使いやすくておしゃれな手帳。
ほんの少しデコレーションを加えるだけで、
機能性もデザイン性もアップします。
簡単にできるアイデアをご紹介します。

prologue
はじめに

この本を手に取っていただきましてありがとうございます。
和気文具でインスタグラムを担当している今田と申します。

和気文具は創業1926年の小さな文房具店。
実店舗は大阪・野田新橋筋商店街という昔ながらの商店街の中にあります。

2001年にオープンしたオンラインショップでは、
実店舗には並べきれない数多くの文房具を取りそろえています。
文房具を販売する以外にも、インスタグラムやウェブマガジンで
手帳術や手作り手帳の提案などをしています。

この本は、これまで発信してきた「手帳を楽しむアイデア」を1冊にギュッとまとめたものです。
毎年、手帳を買うけど続かなかったり、かわいらしく書きたいのにそうできない人にも、
簡単に楽しみながら続けられる工夫をご紹介しています。
ただアイデアを並べるだけではなく、すぐに真似して書いていただけるように、
写真つきで手順を載せてみました。

でも、私が思うのは、手帳に正解などないということ。
うまく書けなくても全然大丈夫。
自分にとって愛着の湧く1冊になることが一番です。

「手帳ってこんなに楽しめるんだ!」
そんな風に「手帳の楽しさ」を感じていただけたら大変うれしく思います。

大阪にある店舗には、最新の商品からオリジナルアイテムまで、たくさんの文房具が並んでいます。インスタグラムを見て遠方や海外から来店されるお客さまも増えました。

wakibungu
& instagram

和気文具と
インスタグラム

和気文具のインスタグラムは2015年11月にスタートしました。
当初はインスタグラムっぽいおしゃれな文房具の写真を載せていました。

手帳アイデアの投稿をはじめたきっかけは、
「TO DOの四角を蛍光ペンで書くのはかわいいですよ(^^)」とご紹介した投稿に、
普段の数倍「いいね!」がついたことです。

「簡単にかわいらしくアレンジできる」
「これなら私にも書ける」
みなさんの求めていることってこういうことなんだと気づかされました。
家にある素朴な文房具も工夫次第で輝けるのです。

その頃から、何か工夫できないかと考えて投稿することが増えていきました。
よくある一般的な手帳術も雑誌のようにぎっしり詰め込むのではなく、
トライしやすいように少しずつご紹介しています。

手帳の使い方は人ぞれぞれ。
ツールとして便利に使いたい人や、ライフログをかわいらしく記録したい人などなど。
単にスケジュールを整えて書くだけでも、見た目をよく見せるだけでもなく、
「便利なのに簡単でかわいい」を目指して、手帳や文房具の楽しさを発信しています。

和気文具のインスタグラムでは、これまでいろいろなアイデアを投稿してきました。

contents
目次

chapter 1
diary methods
書く

はじめに —— 10
和気文具とインスタグラム —— 12

お仕事手帳 —— 20
お仕事＆プライベート両立手帳 —— 22
前向き手帳 —— 24
アイコン日記 —— 26
漢字日記 —— 28
パーセントダイアリー —— 30
横線日記 —— 32
ざっくりマネー管理日記 —— 34
ファッションログ日記 —— 36
9マスアイデア —— 38
断捨離30日チャレンジ —— 40
自分をあげるメモ3種 —— 42
時間が生まれるマーキング3種 —— 43
整理術7種 —— 44

column 1 手帳の選び方 —— 46

※本書に掲載されている情報は、2019年3月現在の情報です。
また、chapter1〜4で紹介しているアイテムは私物であり、
現在は商品の仕様を変更しているもの、
入手できないものもあります。あらかじめご了承ください。

chapter 2

handmade diaries

作る

レモンダイアリー —— 50
桜ダイアリー —— 52
お魚ダイアリー —— 54
波ダイアリー —— 56
ネコちゃんダイアリー —— 58
しずくダイアリー —— 60
さわやかボーダーダイアリー —— 62
チェック柄ダイアリー —— 64
幾何学模様ダイアリー —— 66
グリッドダイアリー —— 68
自己中バーチカルダイアリー —— 70
タイムラインダイアリー —— 72
顔トラッカー —— 74

column ❷ 三日坊主をやめるには？ —— 76

chapter

3

using
stationeries

彩る

穴あきふせん ── 80
羽根ふせん ── 81
ふせん日付シール ── 82
シマシマフレーム ── 83
マステフレーム ── 84
時計スタンプダイアリー ── 85
バーチカルスタンプダイアリー ── 86
ポケットダイアリー ── 87
しかけふせん ── 88
クラフト吹き出し ── 90
シール日記 ── 91
輪っかシールイラスト ── 92
端からこんにちはシール ── 93

column ③ わたしのプライベート手帳 ── 94

chapter

decorations

飾る

飾り文字・数字
　pattern 1　輪郭を描いただけのベーシックなもの ── 98
　pattern 2　直線や曲線で区切ったもの ── 99
影つき文字・数字 ── 100
タイトル飾り　pattern 1　いろいろな線 ── 101
　　　　　　　pattern 2　フレーム ── 102
　　　　　　　pattern 3　三角形 ── 104
　　　　　　　pattern 4　文字とアレンジ ── 105
まる四角イラスト　pattern 1　まる ── 106
　　　　　　　　　まるイラストのアレンジ ── 107
　　　　　　　　　pattern 2　四角形 ── 108
予定アイコン ── 109
ちょいたしイラスト ── 110
リース ── 112
リースのシール ── 113
ポラロイド風コラージュ ── 114
切り抜きコラージュ ── 116

おすすめアイテム ── 118
おわりに ── 122
pattern paper／format ── 124

chapter

1

書く

ビジネス手帳にしたり、日記にしたり、
手帳の使い方はいろいろ。何を書くかも自由です。
手帳に書くことで、日々の生活と仕事に元気や潤いを与えるアイデアや、
手帳をより機能的に便利に使えるテクニックをご紹介します。

お仕事手帳

身近な手帳でも、ほんの少し手を加えるだけで、使い勝手のよいお仕事手帳になります。ここでは、左にスケジュール欄、右にメモ欄のあるレフト式ウィークリー手帳をカスタマイズ。ページ中央に線を1本引くだけで完成です。ぜひ試してみてください。

used items

モレスキン 週間スケジュール＋ノート（レフト式）ハードカバー ラージサイズ／三菱鉛筆 ジェットストリーム スタンダード 0.38mm（黒）／ぺんてる マルチ8／定規

仕事がスイスイはかどります

point

AMとPMで区切る

中央に線を1本引いてAMとPMに分ければ、機能性がぐんとアップ。詳細や要点は右ページのメモ欄に記入。

日付下のスペースを活用

日付下はデッドスペースになりやすい。ここでは小さなログ欄として使用。天候や1日の成果を○△×で書き込むなど、使い方はアイデア次第。

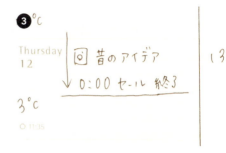

アイコンで整理

アイコンを使ってマーキングすれば、見た目も整ってスッキリ。ここではインスタグラムの投稿内容をメモ。

罫線と吹き出しで目立たせる

アイコンのほかにも、アンダーラインや罫線、吹き出しを使って強調。カラーペンでマーキングしても。

メモ欄も区切って使いやすく

中央で区切り、左右の用途を決めて使い分けると便利。ここでは左をメモ欄、右をチェックボックス欄に。

チェックボックスでモレ予防

メモしていたのに忘れてしまったということがないように、チェックボックスを作ってしっかり確認。

diary methods
スケジュール
管理＆日記
No.2

お仕事＆プライベート両立手帳

仕事とプライベートを一緒に管理できるウィークリー手帳です。バーチカルな手帳を、仕事ではフォーマット通りに、プライベートでは時計回りに90度回転させて使います。向きをかえると横長のスペースになるため、使い勝手がぐんとよくなります。

used items

ペーパーブランクス　ウィークリーバーチカル手帳／三菱鉛筆　ジェットストリーム　スタンダード　0.38mm（黒）／キングジム　キッタ　シール

1週間の自分がまるわかり！

point

① スペースを自由に分ける
ライフスタイルや目的にあわせ、仕事欄とプライベート欄を分ける。

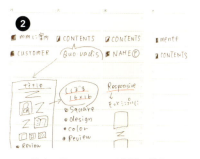

② 仕事ではフォーマット通りに使う
仕事では手帳のフォーマットそのままに、予定や内容を書き込んでいく。ただし、使い方は自由。ここでは、スケジュールよりタスクの管理を重視して使用。

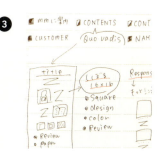

③ あきスペースはメモ欄に
メモ欄がないため、あいているところを活用。アイデアなどを書きとめる。

④ プライベートでは回転させて使う
ページ下にプライベート欄を確保し、日ごとに仕切る。オフの日は、すべてプライベート欄にしても。

⑤ プライベート欄の使い方は自由
スケジュール管理や日記としてはもちろん、その日の体調やファッションをメモするなど、ライフログに使ってもOK。

⑥ シールやイラストで楽しく
使っている時も見返した時も楽しいのが一番。特にプライベート欄はカラフルに元気よく。

23

diary methods
スケジュール
管理 & 日記
No. 3

失敗を
「学び」「発見」と考え
前向きに

前向き手帳

スケジュール管理ができて、ポジティブにもなれる手帳が欲しいと思い立ち、作ってみました。1日を振り返り、反省点はしっかり受けとめるものの、必ず前向きになれるメッセージを綴ります。1日が心地よくおわるだけでなく、見返した時にも元気が出てきます。

used items

コクヨ　測量野帳　スケッチブック／三菱鉛筆　ジェットストリーム　スタンダード　0.38mm（黒）／ゼブラ　マイルドライナー（マイルドゴールド）／定規

point

4等分してフォーマットを作る

見開きで1週間の手帳にするために、1ページを4等分する。左ページの一番上は、その週のメモやタスク管理の欄に。もちろんウィークリー手帳を使ってもOK。

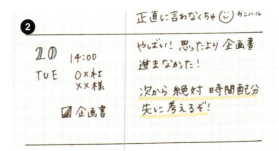

左にスケジュール、右に日記

スケジュール手帳としても使うので、1日を2つに分ける。使い勝手よく、左をスケジュール欄、右を日記欄に。

自分らしさをプラス

手作りするからには自分らしく、日付などいろいろなところをカスタマイズ。カラーペンやシールを使っても。

限られたスペースを上手に活用

チェックボックスなどを利用すれば、狭いスペースもうまく使える。

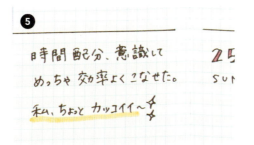

カラーペンでマーキング

キーワードをマーキングするのもおすすめ。自己分析できたり、ポジティブメッセージがよりインプットされるよう。

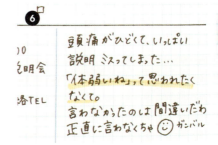

アウトプットも大切

ポジティブメッセージを綴る前に、思いの丈をありのままに書く。思いを一度受けとめるから、前向きになれるのかも。

diary methods
日記

No. 4

> おサボりOKぐらいの
> 気持ちで楽しんで

アイコン日記

アイコンに続けて1文綴るだけのシンプルな日記です。軽いライフログくらいの気持ちで取り組んでみてください。アイコンはあらかじめ決めて、ふせんにまとめておくと便利。手帳の端からちょっぴり出しておけば、しおりがわりにもなります。

used items

コクヨ　測量野帳　スケッチブック／三菱鉛筆　ジェットストリーム　スタンダード　0.38mm（黒）／パイロット　ジュースアップ04（ゴールド、メタリックピンク、メタリックブルー）／ふせん

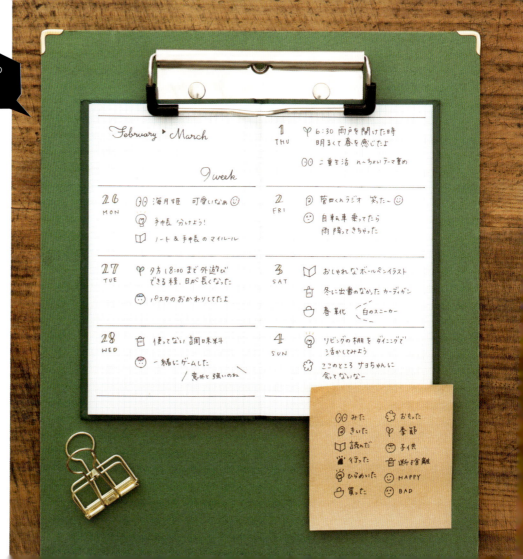

point

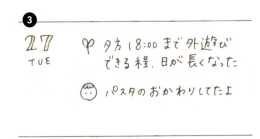

4等分してフォーマットを作る

見開きで1週間の手帳にするために、1ページを4等分する。左ページの一番上は、月名を書くなど自由にカスタマイズ。ウィークリー手帳を使ってもOK。

アイコンを作る

自分が書きたい事柄にぴったりのアイコンを作って、ふせんにまとめる。統一感が出せて、忘れることもない。

日記は箇条書きに

アイコンでも言いたいことが伝わるので、日記は箇条書きにする。もちろん、たくさん書きたい場合は、思いのままに書いてOK。

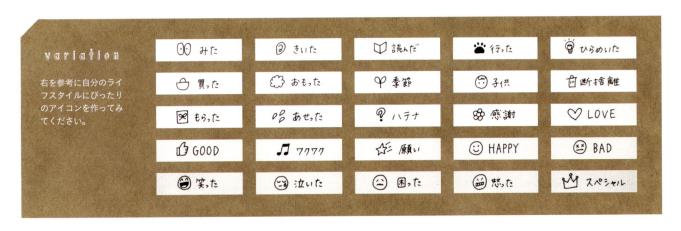

variation

右を参考に自分のライフスタイルにぴったりのアイコンを作ってみてください。

diary methods
日記
No. 5

達筆ヴァージョンも
おすすめです

漢字日記

1日を漢字1文字で綴る日記です。手帳や日記には珍しい和の雰囲気になるよう、日付も漢字にしてみました。どの漢字にするか考え込まず、日記に向かった瞬間に思いつく文字を書くようにしています。どんな漢字が自分の中から出てくるのかも、この日記の楽しみの1つです。

used items

コクヨ 測量野帳 スケッチブック／呉竹 ZIG クリーンカラーリアルブラッシュ（042 ターコイズグリーン、072 ベージュ、094 グレイブラウン）／三菱鉛筆 ジェットストリーム スタンダード 0.38mm（黒）／マスキングテープ／ふせん／定規

point

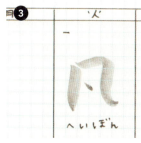

① フォーマット作りは簡単

見開きで1か月の手帳にするために、縦に8等分、横に5等分にする。左端はあけて月名などを書くスペースに。マンスリーのブロック手帳を使ってもOK。

② 細かなところまで漢字で統一

和の雰囲気を出すために、ミニコメントを除き、日付など細かいところまですべて漢字で統一する。

③ 絵文字風漢字で自分らしく

絵文字風に崩して書けば、自分らしい独特の味わいに。達筆に綴れば、美しさ満点の日記が完成。

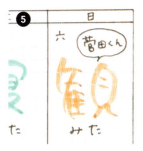

④ 文字の色に思いをのせる

テンションのレベルを色分けし、漢字とともに使い分けると、その日の思いや感じたことがより鮮明に。

⑤ ひと言メモで情報をプラス

具体的に出来事や気持ちを書きとめておきたいなら、ひと言メモを添えても。

⑥ あきスペースで1か月を振り返る

1か月を振り返って思ったことを書く。ふせんとマスキングテープでスペースを作ると、特別な感じを演出できる。

diary methods
日記
No.

自分の気持ちに
忠実にログ！

パーセントダイアリー

イラストやグラフを使って理解しやすいように伝えるテクニック、インフォグラフィックスからヒントを得て作った日記です。1日の出来事をイラストとパーセントで表しますが、リアルな行動時間ではなく、自分のフィーリングから測定してログしていきます。

used items

トラベラーズノート　リフィル　週間フリー＋メモ／三菱鉛筆　ジェットストリーム　スタンダード　0.38mm（黒）／ゼブラ　マイルドライナー（マイルドゴールド、マイルドバーミリオン、マイルドブラウン）

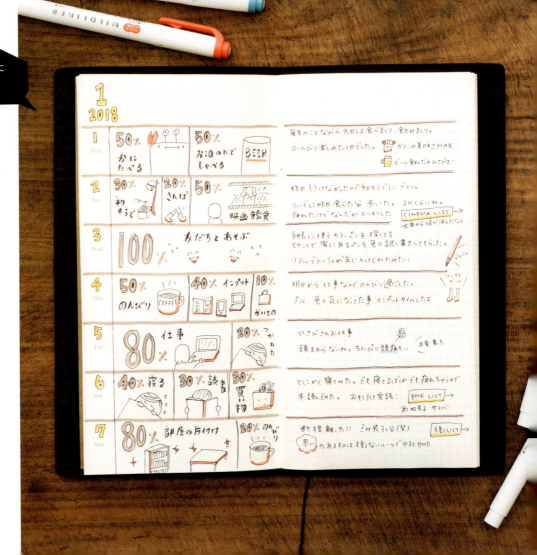

point

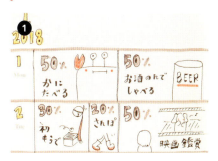

1日を横棒グラフに見立てる

ウィークリー手帳の左ページがスケジュール欄になったレフト式をカスタマイズし、横棒グラフに。

数字は大きく目立たせる

それぞれの出来事が1日のどれくらいを占めるか、ひと目でわかるように、数字は大きく目立つように書く。

イラストでわかりやすく

イラストを添えて、わかりやすくにぎやかに。

右ページに詳しくメモ

右ページを詳細メモ欄に。左ページを仕切る線と同じ位置に線を引くだけで、一体感が出る。

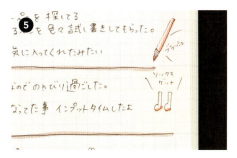

グラフ以外でもイラストを活用

ちょっとしたことやスペースに余裕がない時は、イラストを使ってメモする。

コレクションページにリンク

もっと書きたいことやまとめたいことがあるなら、コレクションページや別の手帳にリンクさせる。本や映画なら作品名を添えておくと、リンク先を探しやすい。

人、動物、文字など、なんでも1本線で書きます

横線日記

一筆書きのような横線1本で、1日の出来事をイラストや文字にし、1か月間の出来事を綴っていきます。イラストが苦手な人でも大丈夫。イラストがつながっていくうちに、雰囲気が出てきます。絵描き遊びの気分で日記をつけられるのも魅力です。

used items

トラベラーズノート　リフィル　月間フリー／三菱鉛筆　ジェットストリーム　スタンダード　0.38mm（黒）

point

大きなブロックに描く

イラストが余裕をもって描けるように、大きなブロックの手帳を選ぶ。漢字日記のように手作りしても。

イラストは線の上でも下でも OK

横線からニョキニョキ生えているようなヴィジュアルがおもしろいので、横線がつながっていれば、イラストは上にきても下にきてもいい。

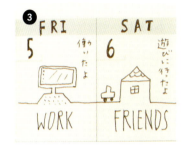

イラストは好きなタッチで

きちっとした線でも、ゆるやかな線でも、どんなタッチでも OK。横線がつながっていれば、あとは自由。

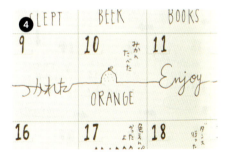

時には文字でつなぐ

イラストと文字で交互につなぐ週を作ったり、どうしてもよいイラストが思い浮かばない時は、文字や数字を使っても。ちょっとしたアクセントになる。

ひと言添えても楽しい

イラストに添えられたひと言も、この日記の魅力の1つ。書く場所を決めておくと統一感が出る。

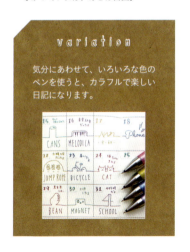

variation

気分にあわせて、いろいろな色のペンを使うと、カラフルで楽しい日記になります。

diary methods
データログ
No. 8

> お金のフローが見えて
> 節約できました

ざっくりマネー管理日記

お財布のお金をざっくり数えて、1日の収支をメモするだけのマネーログ日記を作ってみました。アイコンとひと言メモをつけて、用途も簡潔にわかりやすくメモしていきます。どんぶり勘定なのに、不思議と無駄づかいが減ったような気がします。

used items

ペーパーブランクス　マンスリー　ブロック／三菱鉛筆　ジェットストリーム　スタンダード　0.38mm（黒、赤）／パイロット　ジュースアップ04（ゴールド、メタリックピンク）

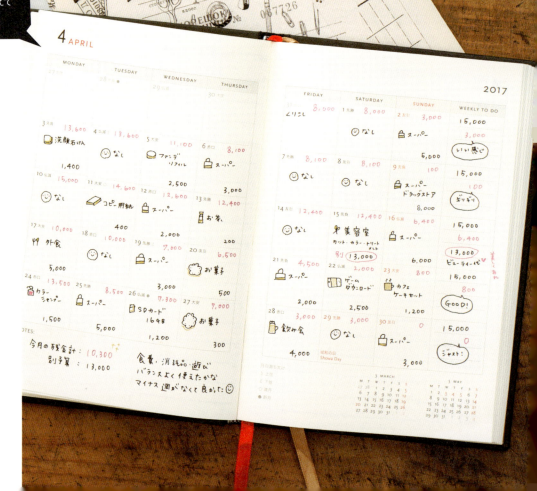

point

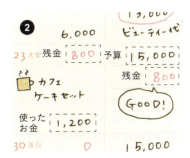

端にメモ欄のある手帳を選ぶ

マンスリーのブロック手帳を活用すると手軽にカスタマイズできる。端にメモ欄やTO DOリスト欄があるものを選ぶと便利。

予算、使用額、残金を書く

1か月分の予算を、各週の予定を考えながら割り振り、1週間ごとにメモする。あとは、1日のおわりに、使ったお金と残金を書き込んでいくだけ。

大雑把でOK

「ざっくりマネー管理日記」なので、100円以下は切り捨てて、使ったお金と残金をつけていく。

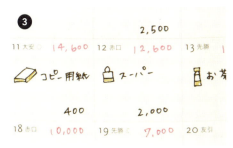

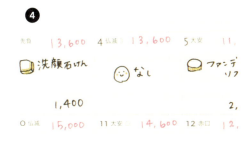

アイコンで用途を仕分ける

アイコンを使って、用途を項目ごとに視覚化するとわかりやすい。お金を使わなかった日には、ごほうびマークを。

吹き出しに1週間の総評を書く

目立つように、吹き出しに1週間の総評を書く。ささいなことだけれど、節約のモチベーションになる。

あきスペースで1か月を振り返る

月末は、お金の出入りを確認して、気づいたことなどをメモする。

diary methods
データログ
No.9

> クローゼットの中が
> よくわかるようになって
> 断捨離＆買いたしも
> ラクラク

ファッションログ日記

毎日の自分のファッションをログしながら、街で見かけた素敵なアイテムやコーディネートなどもメモしていきます。何を着ようか迷った時に参考にできて便利。新しいコーディネートのアイデアも湧いてくるかもしれません。

used items

ペーパーブランクス　ダイアリー　レフト式／パイロット　ジュースアップ 04（ブラック）／ぺんてる　マルチ 8

point

① レフト式手帳を選ぶ
ウィークリーのレフト式手帳を選ぶと手軽にできる。アイテムを縦に並べて描きたいなら、バーチカル手帳がおすすめ。もちろん手作りしても。

② 左にアイテム名、右にメモ
スケジュール欄を2つに分け、左にイラストつきでアイテム名を、右にメモを書く。イラストに色づけしておけば、便利で楽しい。

③ 日付下のスペースを活用
コーディネートを左右する1つが天気。日付下のあきスペースにメモしておく。

④ 気になるアイテムをメモ
右ページのメモ欄には、買ったものや街で見かけて気になったアイテムを書いておく。コーディネートのヒントになったり、買い物に役立つ。

⑤ ビューティログもプラス
ネイル情報など、おしゃれに関するあらゆることをメモしておくのも1つのアイデア。

⑥ コレクションページにリンク
欲しいものなどをまとめたコレクションページや手帳があるなら、リンクさせる。

diary methods
コレクション
アイデア
No. 10

仕事のアイデア、夢、目標をカタチにできる！

9マスアイデア

9マスを使って発想や思考を整理するマンダラートを活用してみませんか？ 9マスから出発し、まわりに正方形をたして掘りさげていくと、いろいろなものが見えてきます。ページをめくるたびに刺激を受け、やる気が湧いてきます。

used items

コクヨ ideamixフィラーノート S-type（5mmグリッド）A4／パイロット ジュースアップ04（ブラック）／三菱鉛筆 ユニボールシグノ スタンダード 0.8mm（金）／コクヨ ドローイングシート／定規

how to make

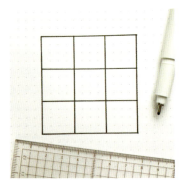

9つに区切られた正方形を描く
正方形を描き、中を均等に9つのマスに区切る。

memo

右では、中央のネコから8つの連想ワードが書き出されていますが、これは単なる思いつきではなく、「8つの新アイデア」です。この8つをもとにさらに正方形を増やし、思考していけば、アイデアがどんどんふくらんでいきます。手帳のあいたスペースを活用して、ぜひやってみてください。ちょっとした考えを整理したい時にも便利です。アイデア帳としてまとめておくと、ページをめくるたびに刺激され、さらなる新アイデアが浮かんでくるなんてメリットもあります。

「8つのアイデアが生まれる」
→「これを使って思考する」
＝アイデア満載！

how to use

❶ 中央のマスに夢や目標を書く
中央のマスに夢や目標を書き、それから連想されるキーワードをまわりのマスに書いていく。

❷ まわりに正方形をたして❶のキーワードを写す
もっとアイデアを出したい時や考えを深めたい時は、同じ正方形を❶のまわりに8つ描き、❶の中央以外のマスに書いたキーワードを、各正方形の中央のマスに書く。

❸ それぞれの正方形をうめる
❷で描いたそれぞれの正方形も、中央のマスに書いた事柄から連想される事柄でうめていく。

diary methods
コレクション
アイデア
No. 11

> 達成感が目に見えるのがいい！

断捨離30日チャレンジ

大きな目標や面倒なことをやり遂げるには、小さな達成感がモチベーションになるように感じています。そこで、「1日1捨て」を実行できる断捨離リストを作ってみました。1つずつマスを塗りつぶすたびに、ハッピーな気分になります。

used items

クオバディス ライフジャーナル 5mmドット方眼ノート ページ番号つき／パイロット ジュースアップ03（ブラック）、04（ゴールド）／コクヨ ドローイングシート

preparation

項目を書き出す
きれいに片づけたい場所を書き出す。

❶の項目を細かく分ける
書き出した場所をさらに細かい収納場所に分ける。

how to make

		1	2	3	4	5
1	リビング棚用(小)					
2	リビング棚用(大)					
3	ダイニング引出					
4	家事机					
5	おもちゃ					
6	子供服					
7	子供部屋クローゼット					
8	寝室本棚用					
9	寝室ラック					
10	自分の服					

表を作る
月、日、書き出した項目がそれぞれ書き込めるように表を作り、項目を書き込む。

how to use

断捨離 30日チャレンジ

		月											
		1	2	3	4	5	6	7	8	9	10	11	12
日	1 リビング棚用(小)												
	2 リビング棚用(大)												
	3 ダイニング引出												
	4 家事机												
	5 おもちゃ												
	6 子供服												
	7 子供部屋クローゼット												

実行したらマスに色を塗る
計画通り実行したら、マスに好きな色を塗る。

point

ここでは12か月で達成できる表にしましたが、30日で達成できる表にしてもOK。自分のライフスタイルに沿って作ってみてください。断捨離以外にもいろいろと使えます。

お役立ち
テクニック

自分をあげるメモ3種

あきスペースを使って、自分を成長させるなど、
自分にとってプラスになるメモを作ってみませんか？
ここでは3つのメモをご紹介します。

1 「やめる・かえる・減らす」メモ

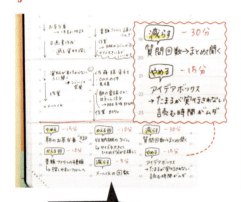

自己成長を目指して行動を定期的にチェックし、改善点を見つけるためのメモ

改善点を書き出し、「やめる・かえる・減らす」に分け、行動や考えを整理し、理由や対応方法をメモする。時間の使い方も見直せるので、自分のための時間を作ることもできる。

2 「目標→結果」メモ

小さな目標を達成するためのメモ

1日あるいは1週間に1つ目標を掲げ、達成できたらどんなことをしたかを書く。結果の書き込みにほめ言葉を添えると、達成感が増し、次の目標に向けてますますやる気に。

3 「凹んだらこれ」メモ

ポジティブな気持ちに切り替えられるテクニック、きっかけ、ものなどをまとめたメモ

凹んでる時間ほどもったいないものはないので、気持ちが前向きになるまであれこれ試せるように、たくさんリストアップし、ストックしておく。

diary methods
お役立ち
テクニック

時間が生まれるマーキング3種

忙しさに追い立てられ、時間がないとストレスを感じていませんか？
スケジュールを書きながら、あるいは書いたスケジュールを見直しながら、
時間の使い方を整理し、有意義に過ごせる3つのマーキングをご紹介します。

1 「自分で時間割り」マーキング

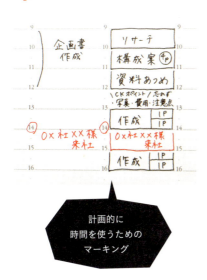

計画的に時間を使うためのマーキング

時間を細かく割り振り、やるべきことを書いて囲む。会議や来客など大切な予定は、見落としたり、うっかり忘れてしまわないように、赤など目立つ色で書く。無駄なく時間を使えるようになり、あいた時間を活用できる。

2 「未来投資型ブロック」マーキング

自己成長を目指し、自分の時間を確保するためのマーキング

赤など目立つ色で一定時間を囲む。この時間を意識することで、1日の時間の使い方がうまくなる。仕事でも、企画を考えたり、重要な書類を書いたり、時間をしっかり確保したい時におすすめ。

3 「インプット&アウトプット」マーキング

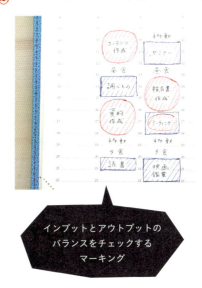

インプットとアウトプットのバランスをチェックするマーキング

それぞれの予定がどちらにあてはまるか、2色のペンを使い分けて囲む。1日を効率よく有意義に使えているかどうかがわかる。偏りがあれば、自分にとってベストの状態に調整する。

diary methods
お役立ち
テクニック

整理術7種

整った手帳は、見た目が美しいばかりか、機能的で使いやすいものです。
ちょっとした工夫で、予定や重要事項を目立たせながら、スッキリ整理できます。
ここでは7つのテクニックをご紹介します。

1 予定や項目ごとに色分けする

予定や項目ごとに色を決め、ペンやふせんを使い、書き分けたり、背景を塗ったり、差別化させながら整理する。背景を塗る場合、インクがたまったり、上から文字を書くと見づらくなってしまう場合があるので、事前にあれこれ試してみる。

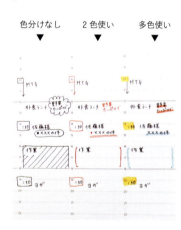

point

色分けなし　2色使い　多色使い

ふせんを使ったり、背景を塗らなくても、いくつかカラーペンを使うだけで、機能的で見た目の整った手帳になります。写真はすべて同じ内容です。色を使い分けることで視覚的効果に大きな違いが出てきます。

2 項目ごとに書く場所を決める

項目ごとに書く場所を決め、境に線を引く。実線や破線など、線の種類を使い分ければ、より機能的。

3 タイトルをつける

ささいなことでもメモにはタイトルをつける。項目に分け、形や色をかえながら吹き出しや線で強調すると、内容を差別化できて要点がつかみやすい。

4 チェックボックスを利用する

チェックボックスを使うと、しっかり確認できて見た目も整う。進行にあわせてマーキングをかえると、状況を把握しやすい。

5 隅を活用する

隅に三角形を描き、塗りつぶしておくと締め切りを視覚化できる。輪郭だけ描いてチェックボックスがわりに使っても。

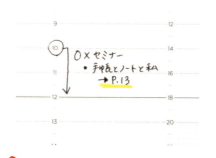

6 別のノートにリンク

書くことが多い場合、別のページやノートにリンクさせると、スッキリ整えられる。リンク先と同じタイトルをつけると、見つけやすくて便利。

7 ローマ字を使ってメモする

手帳を人前で開いても、プライベートな予定やメモが気にならないように、ローマ字でメモする。内容をすぐに理解される心配がない。

手帳の選び方

手帳を選ぶ時に大切なのは、
手帳を使って何をしたいか、そして自分の好きな
デザインやサイズであるかを考えること。
使いやすく、自分らしいものが一番です。

フォーマットから選ぶ

手帳のフォーマットは大きく分けて6つ。
何をしたいか目的にあわせて選びます。
いくつかのフォーマットが
1冊になった手帳もあります。

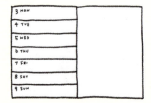

レフト式

左ページにウィークリーのスケジュール欄、右ページにメモ欄が配置されているもの。仕事にもプライベートにも重宝します。

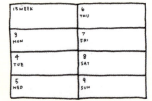

ホリゾンタル

1日の欄が横長で、見開きに1〜2週間分が配置されているもの。1日のスペースが広いので、たくさん書き込めます。

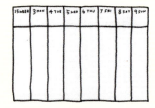

バーチカル

1日ごとに時間軸が縦に配置されているもの。時間単位でスケジュールを管理できます。

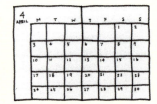

月間ブロック

マンスリーのスケジュール欄がブロック型カレンダーになっているもの。1か月のスケジュールがひと目でわかります。

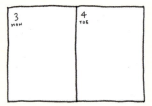

デイリー

1日が1ページになっているもの。自分の使いたいように使えます。毎日書きたいことがたくさんある場合にぴったりです。

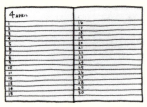

月間リスト

1日1行、1か月分が見開きで配置されているもの。長期スケジュールをバーチカルに管理できます。

自分の好みから選ぶ

デザインやサイズなど、自分の好みを重視して選びます。
ここではこの本で使用している手帳をご紹介します。

1　トラベラーズノート

旅をテーマに誕生した手帳。革カバー、ノート、ポケットが自由に選べます。ノートのリフィルは、レフト式、バーチカル、月間ブロックのダイアリーと、方眼、横罫、無罫（MD用紙、クラフト紙、画用紙）のノート。便利なアクセサリーも充実しています。

2　コクヨ　測量野帳

耐久性と利便性に富む硬い表紙にウォータープルーフの合成紙が綴られた手帳。測量現場のニーズから誕生し、約60年の歴史があります。近年、機能性とデザイン性、マニアックな仕様から熱狂的な支持を集めています。本書ではシリーズのうちスケッチブックを使用。

3　クオバディス　ライフジャーナル

バレットジャーナル用に作られた手帳。巻頭にインデックスページがあり、各ページはナンバリングされています。合皮カバー、しおり、金のラメ入りエラスティックバンドなど、洗練されたデザインはフランス生まれならでは。本書ではドット方眼タイプを使用。

chapter

2

作る

好きな手帳やノートを使って、
自分にぴったりの手帳を作るアイデアをご紹介します。
ライフスタイルにあわせてアレンジしたり、
オリジナルを作る時の参考にしたり、自由に活用してください。
毎日が一層楽しくなります。

handmade diaries

手帳
フォーマット

NO.1

> イエローの
> ビタミンカラーで
> 1日中、気分爽快

レモンダイアリー

さわやかな香りがふわっと漂ってきそうなレモンのダイアリー。レモンの上にスケジュールや日記を書いていきます。レモンは、ふせんで作った果肉の型紙を使って描くので、とても簡単。たくさん書きたいことがある時はレモンの数を増やしても。

used items

コクヨ　測量野帳　スケッチブック／呉竹　ZIG　クリーンカラーリアルブラッシュ（050 イエロー）／パイロット　ジュースアップ04（ブラック）／ふせん（3.7×7.5cm）／プラス フッ素コートタイプ　ステンレスはさみ（ブラック）／水
＊P51では文字はクリーンカラーリアルブラッシュ（010　ブラック）を使用。

how to make

① 果肉の型紙を作る
ふせんを半分に折り、角のやや まるい直角三角形を描き、切り 取って開く。
＊P124の型紙を使ってもOK。

② 果肉を描く
レモンを描く場所を決め、型紙の鋭角 がレモンの中心を向くようにおき、輪 郭をなぞる。間をあけ、同様に描く。
＊イエローを使用（以下同）。

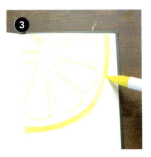

③ 果皮を描く
果肉より1cmほど離れたと ころに太い弧を描く。

④ もう1つレモンを描く
同様にもう1つレモンを描く。

⑤ 色を塗る
中心にまるを描き、塗りつぶす。果肉 にも色を塗る。内から外へ（逆もOK） 向けて塗ると雰囲気が出る。

⑥ 気になるところを整える
全体を見渡し、気になるとこ ろがあれば調整する。

⑦ 日付と曜日などを書く
レモンに日付と曜日を書く。
＊ブラックを使用。

variation

P50のように、見開き に大きくレモンを描き、 あきスペースに写真を 貼ったり、イラストを描 いたりしても素敵です。

handmade diaries
手帳
フォーマット
No.2

色移りが気になるなら
1ページおきに
描きましょう

桜ダイアリー

春にぴったりの桜のパターンです。たくさんの色を使っているように見えますが、イエローとライトカーマインの2色だけ。混ぜて使ったり、ウォーターブラシで色を薄めたりして描いています。色も花の数も思いのまま、自由に桜を描いてみてください。

used items

トラベラーズノート　リフィル　画用紙／呉竹　ZIG　クリーンカラーリアルブラッシュ（021　ライトカーマイン、024　ワインレッド、050　イエロー）／ステッドラー　ウォーターブラシ（中筆）／三菱鉛筆　ユニボールシグノ　太字（ホワイト）／水

how to make

① 花びらを描く
花びらを好みのサイズで描く。
＊ライトカーマインを使用。

② 色をぼかす
ウォーターブラシでなぞり、色をぼかす。
＊ウォーターブラシがない場合、普通の筆に水をつけて使う。

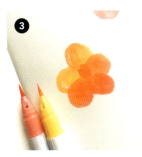

③ 混色にして花びらを描く
色を混ぜ、花びらを好みのサイズで描く。
＊イエローとライトカーマインを混ぜて使用。

point

混色にしたり、水をたして色を薄くする場合、2本のペン先を重ねます。
＊左下の写真ではイエローにライトカーマインが、右下の写真ではライトカーマインに水が移っています。

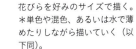

④ ノートいっぱいに花びらを描く
花びらを好みのサイズで描く。
＊単色や混色、あるいは水で薄めたりしながら描いていく（以下同）。

⑤ あきスペースに花びらを描く
花びらを1枚ずつ描き、花びらであきスペースを満たす。

⑥ 花糸を描き、日付と曜日を入れる
花びらの中央に花糸を描き、花びらの上のほうに日付と曜日を書く。
＊花糸はホワイト、日付と曜日はワインレッドを使用。

variation

P52のように見開き全体を使って描くと、より華やかに。手帳のサイズにあわせて、大きな花びら→小さな花びらの順に描いていきます。

handmade diaries
手帳フォーマット
No.3

> ボディの模様を
> そろえると
> 統一感が出ます

お魚ダイアリー

気持ちよく泳ぐ魚の様子をパターンにしたダイアリー。1匹ずつボディの模様をかえながら、ライトなブルーとグレーですずやかに仕上げました。向きの違う魚を交互に描くと、動きが出て生き生きとしてきます。

used items

コクヨ 測量野帳 スケッチブック／呉竹 ZIG クリーンカラーリアルブラッシュ（036 ライトブルー、091 ライトグレイ）／不要な紙（8.5×5cm）／マスキングテープ／プラスフッ素コートタイプ ステンレスはさみ（ブラック）

how to make

魚の型紙を作る

紙に魚を描き、切り取る。
＊P124の型紙を使ってもOK。

型紙をおいて模様を描く

型紙をおき、ずれないようにマスキングテープでとめ、型紙の中に好きな模様を描く。
＊ライトブルーを使用。

型紙の向きをかえ、模様を描く

型紙の向きをかえ、同様に型紙の中に好きな模様を描いていく。
＊ライトブルーとライトグレイを使用（以下同）。

泡に見立てて日付と曜日を書く

魚から出た泡に見えるように、日付と曜日を書く。

variation

1ページにギュッと詰め込まず、P54のように見開きでゆったり作っても。あきスペースができたら、ドットを描いて水面の輝きをプラスするのがおすすめです。P54ではレモンイエロー×ライトブルーのドットを全体にあしらってみました。アクセントに型紙を半分ずつおいて模様を描いても楽しい！

handmade diaries
手帳フォーマット
No. 4

2つの波線を
ずらしながら重ねると
ぐっと雰囲気が出ます

波ダイアリー

スケジュール欄の罫線を波線にアレンジしたダイアリー。色の違いや線の描き方次第で、バリエーションは無限にあります。いろいろなパターンを作ってみてください。四季折々の波をイメージして作るのもおもしろそうです。

used items

コクヨ　測量野帳　スケッチブック／呉竹　ZIG　クリーンカラーリアルブラッシュ（036 ライトブルー、051 レモンイエロー）／パイロット　ジュースアップ04（ブラック）／三菱鉛筆　ユニボールシグノ　太字（ホワイト）

how to make

❶ 1つ目の色で波線を描く

右ページを7等分し、波線を6本描く。
＊レモンイエローを使用。

❷ 2つ目の色で波線を描く

1つ目の色に少し重ねながら、波線を6本描く。
＊ライトブルーを使用。

❸ 見開きで波線を描く

❶～❷を繰り返し、見開きで波線を描く。
＊レモンイエローとライトブルーを使用。

❹ 波線の上に点とまるを描く

2つの波の上に、光に見立てた点とまるを描く。
＊ホワイトを使用。

❺ 日付と曜日を書く

左ページの各段に日付と曜日を書く。
＊ブラックを使用。

variation

ツンツン尖った波、左右から大きなウエーブを描く波、曜日の文字でかたどった波など、いろいろな波ができます。好きな色を組みあわせて描いてもOKです。楽しくアレンジしてください。

handmade diaries
手帳フォーマット
No.5

ネコちゃんダイアリー

笑ったり、泣いたり、キョトンとしたり、感情豊かなネコがモチーフのダイアリー。同じ輪郭を描いて、異なる表情をプラスしていきます。表情の描き方次第で、犬やくまにもなります。いろいろなパターンを作ってみてください。

used items

クオバディス ライフジャーナル 5mmドット方眼ノート ページ番号つき／パイロット ジュースアップ 04（ゴールド、ブラック）／寺西化学工業 ラッション ドローイングペン 1.0（黒）／シャープペンシル（または鉛筆）／消しゴム

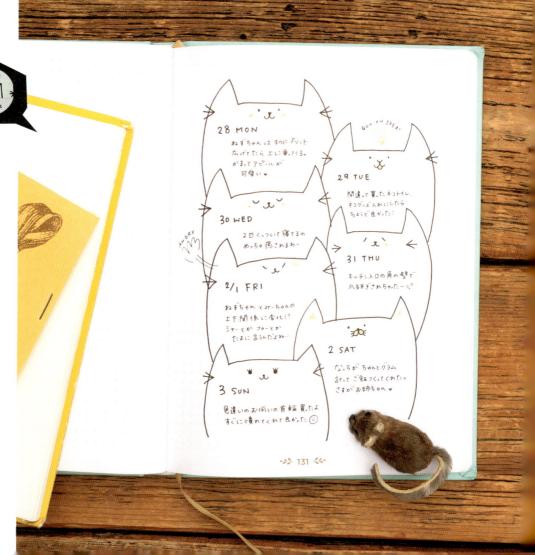

how to make

❶ ネコの輪郭を下描きする
左側に4匹、右側に3匹、ネコを下描きする。
＊シャープペンシルを使用。

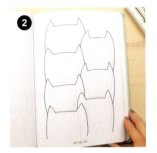

❷ ネコの輪郭を清書する
下描きをなぞり、ネコを描く。
＊黒を使用（以下同）。

❸ 下描きを消す
消しゴムで下描きをきれいに消す。

❹ ひげを描く
それぞれのネコの顔にひげを描く。

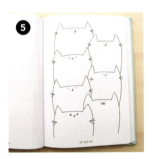

❺ 表情を描く
喜怒哀楽をイメージしながら、それぞれのネコに目、鼻、口を描く。

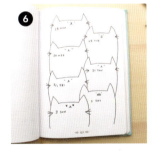

❻ 日付と曜日を書く
ネコの左上あたりに日付と曜日を書く。
＊ブラックを使用。

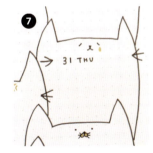

❼ アレンジを加える
涙のしずくなど、アレンジを加える。
＊ゴールドを使用。

arrange

ネコの表情はあらかじめ描いておかず、1日を振り返りながら気分にあわせて描いても。自分で作るフォーマットだから、何でもアリです。

handmade diaries
手帳フォーマット
No. 6

カラフルに
元気の出る模様に
仕上げましょう

しずくダイアリー

うつうつとしてしまいがちな梅雨の時期を楽しく過ごしたいと思い、雨のしずくをフィーチャーしてダイアリーを作ってみました。素敵な形を見つけたら、型紙を作っておくといいかもしれません。手軽にいろいろなパターンが作れて、アレンジも自由自在です。

used items

コクヨ　測量野帳　スケッチブック／呉竹　ZIG　クリーンカラーリアルブラッシュ（036　ライトブルー、045　ペールグリーン、051　レモンイエロー）／パイロット　ジュースアップ04（ブラック）／ふせん（7.5×7.5cm）／マスキングテープ／プラス　フッ素コートタイプ　ステンレスはさみ（ブラック）

how to make

① しずくの型紙を作る
ふせんにしずくを描き、切り取る。
＊P124の型紙を使ってもOK。

② 型紙をおいて模様を描く
型紙をおき、ずれないようにマスキングテープでとめ、型紙の中に好きな模様を描く。
＊ライトブルーを使用。

③ しずく形に模様を描いていく
同様に模様を描いていく。
＊ライトブルー、ペールグリーン、レモンイエローを使用。

④ 気になるところを整える
全体を見渡し、気になるところがあれば、調整する。

⑤ 日付と曜日を書く
しずくの上のほうに日付と曜日を書く。
＊黒を使用。

variation

P60のように、見開きでゆったりと1週間のフォーマットを作るのもおすすめです。小さなしずくなら、マンスリーダイアリーも作れます。あきスペースにも小さなしずくをあしらい、アクセントづけしてもかわいいです。

handmade diaries
手帳フォーマット
No. 7

とっても簡単なのにかわいい!

さわやかボーダーダイアリー

簡単な波ダイアリーよりもさらに手軽に作れるパターンです。ボーダー状に2色を塗り分けていくだけですが、日付と曜日を書き込む欄にちょっぴり工夫をし、アクセントをつけてみました。好きな色を組みあわせて作っても。

used items

コクヨ　測量野帳　スケッチブック／呉竹　ZIG　クリーンカラーリアルブラッシュ（036　ライトブルー、045　ペールグリーン）／三菱鉛筆　ユニボールシグノ　太字（ホワイト）／パイロット　ジュースアップ04(ブラック)

how to make

1つ目の色をボーダー状に塗る

2色のボーダーを交互に配置するため、等間隔であきを作りながら、1つ目の色を同じ幅で塗っていく。
＊ライトブルーを使用。

2つ目の色をボーダー状に塗る

2つ目の色を1つ目の色の間に塗っていく。
＊ペールグリーンを使用（以下同）。

日付と曜日のスペースを描く

右上から右→左の順に正方形を描き、中を塗りつぶして日付と曜日のスペースを作る。

日付と曜日を書く

❸の正方形の中央を点線で区切り、上に日付、下に曜日を書く。
＊ホワイトを使用。

気になるところを整える

全体を見渡し、気になるところがあれば調整する。

variation

作り方が簡単なので、線の太さをかえたり、好みの色にしたり、イラストを描いたり、アレンジも自由自在。書くことが多いなら、P62のように、見開きで作っても。

handmade diaries
手帳
フォーマット
No. 8

> ギンガムチェック、
> マドラスチェック……
> 好きなチェック柄にしても！

チェック柄ダイアリー

縦と横に3色の線を引いて作るタータンチェックのダイアリー。線の太さや色が違うと、まったく違う印象に仕上がります。いろいろな色や線で試し描きをして、お気に入りのパターンを探してみてください。

used items

コクヨ　測量野帳　スケッチブック／呉竹　ZIG　クリーンカラーリアルブラッシュ（036　ライトブルー、051　レモンイエロー、091　ライトグレイ）／パイロット　ジュースアップ04（ブラック）

how to make

1つ目の色でチェック柄を描く

中央に縦線を1マスおきに3本引く。両脇を等間隔あけ、同様に縦線を引く。手帳の両端にくるまで繰り返す。同様に横線も引く。
＊ライトグレイを使用。

1つ目の色の間を塗る

2つ目の色で1つ目の色の間を塗る。
＊ライトブルーを使用。

3つ目の色で線を引く

❶で等間隔にあけた部分の中央に、3つ目の色で縦線を引く。同様に横線も引く。
＊レモンイエローを使用。

見開きでチェック柄を描く

❶～❸を繰り返し、見開きでチェック柄を描く。

日付と曜日を書き、メモ欄を作る

ページの上に日付と曜日を書き、下にメモ欄を作る。
＊レモンイエロー、ライトブルーを使用。

日付と曜日をなぞる

日付と曜日のそれぞれの輪郭をなぞる。
＊ブラックを使用（以下同）。

日付と曜日の中心に点線を書く

日付と曜日が飾り文字になるように、文字の中心に点線を書く。

メモ欄を点線で縁取る

メモ欄の輪郭に点線を書いて縁取る。

handmade diaries
手帳
フォーマット
NO. 9

幾何学模様ダイアリー

線をランダムに引いて、三角形や四角形、台形など、いろいろな形を作り、色を塗って仕上げます。1つとして同じものがない、個性的な手帳です。色を塗る時は、同じ色が隣あわせにならないように気をつけましょう。

used items

トラベラーズノート　リフィル　無罫／呉竹　ZIG　クリーンカラーリアルブラッシュ（042　ターコイズグリーン、082　ライラック、092　ブルーグレイ）／ラミー　サファリ　シャープペンシル（または鉛筆）／パイロット　ジュースアップ 04（ブラック）／コクヨ　ドローイングシート／水

メモしやすいように色は薄く塗ります

how to make

1 線をランダムに引く
線を縦と横にランダムに引いていく。
＊シャープペンシルを使用。

2 1つ目の色を塗る
日付を書く場所を1つ確保したら、1つ目の色のペン先に水をつけ、ランダムに塗っていく。
＊ターコイズグリーンを使用。

point

ペン先に水をつけ、色を薄くしますが、薄すぎる場合、ティッシュで水を拭き取ります。
＊上が通常の色、下が水をペン先につけて薄くした色です。

3 2つ目の色を塗る
同じ色が隣あわないように気をつけながら、2つ目の色もランダムに塗っていく。
＊ライラックを使用。

4 3つ目の色を塗る
あいているスペースに、3つ目の色を塗っていく。
＊ブルーグレイを使用。

5 日付と曜日を書く
上から順に日付と曜日を書く。
＊ブラックを使用。

variation

乾くのに少し時間がかかりますが、見開きで色を塗ると、より大胆で個性的な手帳が完成します。

handmade diaries
手帳フォーマット
No. 10

方眼つきの手帳で作りましょう

グリッドダイアリー

毎日の様子にあわせ、スペースを縮小拡大できるダイアリー。いっぱい書きたい日も、書くことが見あたらない日もある……、そんな声を受けて作ってみました。ページがいっぱいになったら、ニュースペーパーっぽく仕上がるのも魅力です。

used items

コクヨ　測量野帳　スケッチブック／パイロット　ジュースアップ04（ブラック、ゴールド、メタリックピンク、メタリックグリーン、メタリックブルー）／ラミー　サファリ　シャープペンシル（または鉛筆）

point

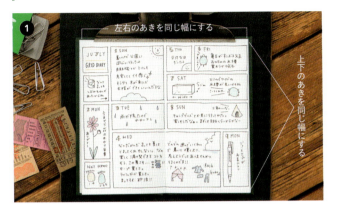

上下と左右のあきをそろえる

きれいに仕上げるため、上下と左右をそれぞれ同じ
間隔であけ、点を打ち、目印をつけておく。
＊シャープペンシルを使用。

1マスずつあけて日記を書く

書きたい分量に見あうサイズの枠を作り、日記を書く。
＊新しい枠を描く時は、すでに描いた枠から上下左右
1マスずつあけて描く。

memo

1日の分量を自由に決められるため、小さなあきスペースができることがあります。そんな時は、ネイルのデザインを描くなど、メモ欄に使うのも1つのアイデアです。

何を書こうか悩んだら、思いつくままイラストを描いても。絵日記のようにイラストがメインの日が続いても、楽しいページになります。自由に綴ってください。

handmade diaries
手帳フォーマット
No. 11

すべてが「自分」基準!

自己中バーチカルダイアリー

自分のライフスタイルにぴったりの手帳を探した結果、自分で作ることに。名づけて、自己中バーチカルダイアリーです。「自己中」に作ると決めたからには、とことんわがままに作りましょう。アレンジも「自己中」でOKです。

used items

コクヨ　測量野帳　スケッチブック／呉竹　ZIG　クリーンカラーⅡ（94 グレイブラウン）／ラミー　サファリ　シャープペンシル（または鉛筆）／消しゴム／icco nico co貼暦／定規／プラス　フッ素コートタイプ　ステンレスはさみ（ブラック）
＊P71では、トラベラーズノート　リフィル　セクション、93　グリーングレイを使用。

how to make

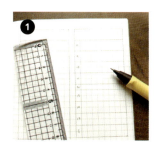

スケジュール欄を下書きする

日付、曜日、時間の欄を想定しながら、スケジュール欄のサイズと配置場所を決め、下書きする。
＊シャープペンシルを使用。

point

「自己中」にここでは、1ページに4日分の欄を作ることに。月はじめのページは、1日分あけて月名とメモを書く欄にしながら、暦のマスキングテープを貼りました。各日は、上に日付と曜日の欄、左に時間の欄を作り、朝(M)、9〜11時、12時、13〜15時、夕方〜夜(E)の5つの時間帯に分け、自分が使いやすいフォーマットにしています。

スケジュール欄を清書する

下書きをなぞり、消しゴムで下書きをきれいに消す。
＊グリーングレイを使用。

variation

バーチカルなスケジュール欄とメモ欄が少しずつ一緒になった手帳も、使い勝手がよいのでおすすめです。作り方をご紹介します。

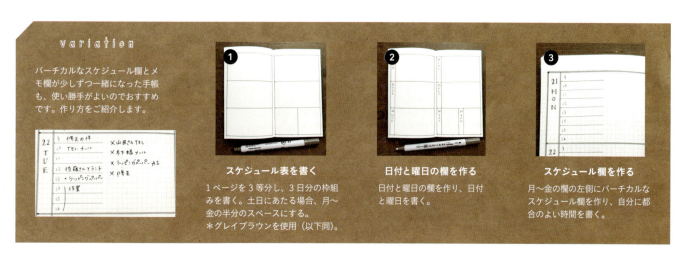

① スケジュール表を書く

1ページを3等分し、3日分の枠組みを書く。土日にあたる場合、月〜金の半分のスペースにする。
＊グレイブラウンを使用（以下同）。

② 日付と曜日の欄を作る

日付と曜日の欄を作り、日付と曜日を書く。

③ スケジュール欄を作る

月〜金の欄の左側にバーチカルなスケジュール欄を作り、自分に都合のよい時間を書く。

handmade diaries
手帳
フォーマット
No. 12

使い勝手よく
ページ中央に
時間軸をおきます

タイムライン
ダイアリー

シンプルに時間軸と目盛があるだけのダイアリー。スペースに余裕があるので、メモ欄や日記欄を作ることもできます。時間に特化した特徴を活かし、イベントや旅についてまとめるなど、バレットジャーナルのコレクションページとしても使えます。

used items

コクヨ　測量野帳　スケッチブック／パイロット　ジュースアップ04（ブラック）／ラミー　サファリ　万年筆（オレンジ、グリーン）／ラミー　サファリ　シャープペンシル（または鉛筆）／消しゴム

how to make

① 時間軸を下書きする
日付、曜日、天気を書くスペースを確保しながら、ページ中央に線を1本引き、目盛と時間を書く。
＊シャープペンシルを使用。

② 時間軸を清書する
下書きをなぞり、消しゴムで下書きをきれいに消す。
＊ブラックを使用。

point

あらかじめ日付、曜日、天気を書かず、使う時に書き込むスタイルにすると、使いたい時にだけ使えて、自由度がよりアップします。

how to use

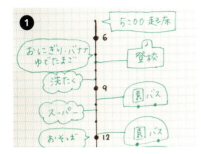

色を使い分ける
予定は時間軸と違う色で描くと把握しやすい。

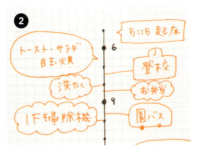

吹き出しを使う
吹き出しを使い、スケジュールを書き込むと、見た目が整い、見やすい。
＊吹き出しを予定に関する形にしたり、予定ごとに使い分けると便利で楽しい。

あきスペースを活用する
あきスペースに日記を書いたり、チェックボックスを作ったり、自由に使う。

handmade diaries
コレクション
フォーマット
No.13

目標を達成したら
自分に
ごほうびをあげても

顔トラッカー

習慣化したいことを掲げ、行動するたびに1マスずつ塗りつぶしていくトラッカー。ここでは、マスの中にイラストを描いてみました。P125には、すぐに使えるトラッカーのおまけがついています。

used items

コクヨ ideamix フィラーノート S-type（5mmグリッド）A4／クオバディス ライフジャーナル 5mmドット方眼ノート ページ番号つき／寺西化学工業 ラッション ドローイングペン 0.1mm（黒）／ゼブラ マイルドライナー（マイルドバーミリオン、マイルドゴールド、マイルドスモークブルー、マイルドグレー）／パイロット ジュースアップ04（ブラック、ゴールド）／プラス フッ素コートタイプ ステンレスはさみ（ブラック）／スティックのり

how to make

① 正方形を描く
同じ大きさの正方形を必要な数だけ描く。
＊黒を使用（以下同）。

② 顔のイラストを描く
正方形の中に1つずつ違う顔のイラストを描く。

③ 必要に応じて切り取る
必要な数だけ正方形を切り取る。

how to use

① 手帳に貼ってタイトルをつける
必要な数だけ正方形を切り取り、あきスペースやコレクションページに貼って、タイトルを書く。
＊ブラックを使用。

② 行動したら色を塗る
行動したら好きな色を1マス塗る。
＊マイルドゴールド、マイルドグレーを使用。

point

トラッカーだけのコレクションページや手帳を作っても。その際は、項目ごとにサイズの違う正方形で作ったり、横ではなく縦に正方形を並べてみたり、思いのまま楽しくアレンジしてみてください。

三日坊主をやめるには？

「手帳を活用するぞ」と意気込んだものの、三日坊主におわった経験はありませんか？
三日坊主にならないにはどうしたらよいのか考えてみました。

気の向いた時に行動したことを書く

スケジュールを管理したり、日記を綴ったり、
コレクションノートにしたり、手帳の使い方は幅広く自由です。
それならば、何にも縛られないスタンスで、
手帳と向きあえばよいのではないでしょうか？
あらかじめ予定を書くのではなく、行動したあとに書くようにしたり、
書かない日があってもよいことにするのです。
内容も、特別なことである必要はありません。
食べたもの、会った人、行った場所、そして思ったこと、
感じたことなど、自分の日常をひと言綴るだけで十分。
書かなければというストレスから解放され、
ある時ふとやってくる「書く楽しさ」に出会う機会を
逃さないようにすることが大事です。

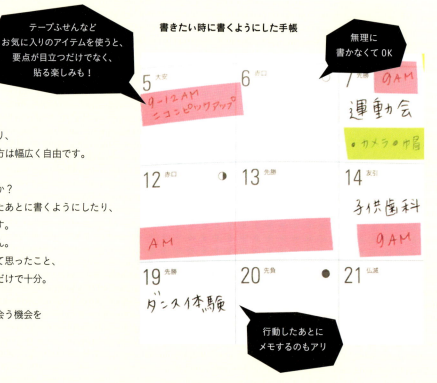

書きたい時に書くようにした手帳

的をしぼって書く

三日坊主でおわる理由の1つに、
手帳を書くのに時間がかかるという点があげられます。
何を書こうか悩んでしまい、
時間だけが過ぎていくため、
だんだん手帳に向きあうのが
面倒になってしまうのです。
たくさん書こうと思わず、
的をしぼって書いてみてはどうでしょう？
手帳を書くのが上手な人は、
書いたことを利用するのも得意。
書いたことから気づきを得て、
自分の成長につなげているようです。
「的をしぼって書く」→「さほど時間がかからない。
気づきを見つけやすい」→「書いたことを利用する」→
「書く意味が生じる」というプラスのスパイラルに入ると、
自然と手帳を続けられるように思います。

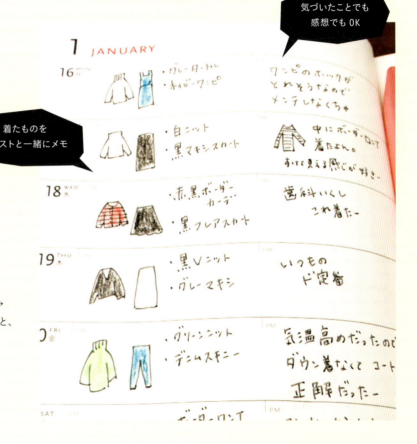

ファッションログに的をしぼった手帳

気づいたことでも
感想でもOK

着たものを
イラストと一緒にメモ

chapter

3

使いやすく、自分らしくデザインされた手帳は、
開くたびに心地よく、自然と気分をあげてくれます。
ふせんやマスキングテープ、シールなどの文房具を使って、
手帳をより機能的で見た目よく整えるアイデアをご紹介します。

手軽に貼ってはがせるので、何かと重宝します

using stationeries

（ふせん）

No.1
穴あきふせん

強調したい数字や文字を目立たせながら、メモもできるふせん。穴あけパンチを使って作ります。項目ごとに色をかえれば、より機能的で見た目も楽しくなります。

used items

ふせん（ピンク）／穴あけパンチ／不要な小さな紙／シャープペンシル（または鉛筆）

how to make

❶

穴あけ位置の印をつける
裏の接着剤部分の端に、穴あけ位置の印をつける。

❷

裏に紙を貼る
作業しやすいように、裏の接着剤部分に紙を貼る。

❸

穴をあける
❶の印に穴あけパンチをあて、穴をあける。

❹

強調したい部分に貼る
強調したい部分が穴から見えるように貼る。

variation

強調したい文字や数字のサイズにあわせ、穴の数や大きさをかえても。穴を複数あける場合、1つ目の穴に2つ目以降の穴が少し重なるようにあけていきます。

how to make

using stationeries

No.2
羽根ふせん

メモを書いてから羽根に仕立てましょう

ひらひらとなびく羽根が特徴的。手帳以外にも、メッセージを書いてプレゼントに添えたり、しおりにしたり、いろいろと使えるふせんです。

used items

ふせん（水色、黄色：少し幅の広いもの）／パイロット ジュースアップ04（ブラック）／プラス フッ素コートタイプ ステンレスはさみ（ブラック）

1

ふせんにメモする
書きたいことをふせんに書く。
＊文字の書きやすさを考えると、はじめにメモを書いたほうがよい。

2
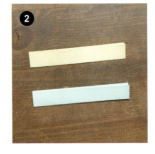

ふせんを半分に折る
横長になるように、ふせんを半分に折る。

3

両端をまるく切る
両端をまるく切る。
＊先の尖った羽根はやや尖らせながらまるく切る。

4

切り込みを入れる
両端を少しあけ、等間隔で斜めに切り込みを入れる。
＊折り山の部分まで切らないように気をつける。

variation

幅が狭かったり、小さかったり、いろいろなふせんを使えば、形もサイズも違う羽根ふせんができあがります。

今日はすごい雨だった。
でも、お気に入りの
レインブーツが履けて嬉しいな

ハンバーグが上手く
焼けないから煮込み
ハンバーグにしてみた。
／美味しかった♡＼

貼ってはがせるのりを
使って作っても

how to make

using stationeries
ふせん
No. 3
ふせん日付シール

①

ふせんを用意する
裏の接着剤部分を使いたいサイズに四角形に切る。

②

色を塗る
塗り筋がきれいにつくように、端から端へ同じ方向に塗る。
＊ターコイズグリーンを使用。

③

日付を書く
上下に線を2本引き、線の内側に日付を書く。
＊ホワイトを使用。

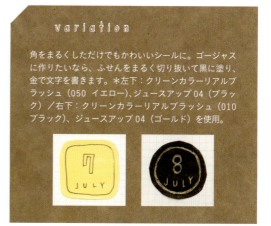

variation
角をまるくしただけでもかわいいシールに。ゴージャスに作りたいなら、ふせんをまるく切り抜いて黒に塗り、金で文字を書きます。＊左下：クリーンカラーリアルブラッシュ（050 イエロー）、ジュースアップ04（ブラック）／右下：クリーンカラーリアルブラッシュ（010 ブラック）、ジュースアップ04（ゴールド）を使用。

ふせんの接着剤部分を利用して作るシール。少しだけ残ったふせんを色に関係なく使うことができるので、とてもエコなアイテムです。

used items

ふせん（2.4×7.6cm）／呉竹 ZIG クリーンカラーリアルブラッシュ（042 ターコイズグリーン）／三菱鉛筆 ユニボールシグノ 太字（ホワイト）／パイロット ジュースアップ04（ブラック、ゴールド）／プラス フッ素コートタイプ ステンレスはさみ（ブラック）

ドットやチェックなど、いろいろな模様が作れます

using stationeries

ふせん

No. 4
シマシマフレーム

ふせんで文字をおおい、まわりを囲んで斜線を引けば完成。フリーハンドで線を引くとゆがんでしまうなら、定規を使いましょう。

used items

ふせん 5枚／ゼブラ　マイルドライナー（マイルドゴールド）／寺西化学工業　ラッション　ドローイングペン　0.3mm（黒）／プラス　フッ素コートタイプ　ステンレスはさみ（ブラック）
＊上の写真では、マイルドスモークブルー、マイルドバーミリオンも使用。

how to make

❶

文字を書く
文字を書きたい場所を決めて書く。
＊黒を使用。

❷
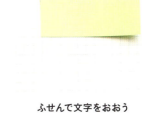

ふせんで文字をおおう
文字がきれいに隠れるように、ふせんでおおう。

❸

まわりにふせんを貼る
フレームの幅を決め、その分のスペースをあけて、❷のふせんのまわりに、フレーム状にふせんを4枚貼る。

❹

斜線を引き、ふせんをはがす
ふせんの上から斜線を等間隔で引き、ふせんをはがす。
＊マイルドゴールドを使用。

variation

逆の発想で、ふせんの中央を四角形に切り取り、斜線を引けば、四角いシマシマの背景が完成。まるく切り取れば、まるい背景に。
＊マイルドゴールドを使用。

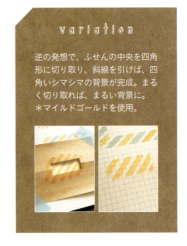

THANK YOU!

イラストを描いて
オリジナルフレームを作っても

using stationeries
マスキング
テープ

マステ
フレーム

かわいいイラストや模様のマスキングテープを使えば、手軽におしゃれなフレームが作れます。角をまるくしたり、縁をギザギザに切ったり、アレンジも簡単です。

used items

マスキングテープ（1.5cm幅）／プラス　フッ素コートタイプ　ステンレスはさみ（ブラック）

how to make

❶ マスキングテープを用意する

使う長さにマスキングテープを切り、作業しやすいように、はがしやすい紙に貼る。

❷ 形を整える

角をまるく切り、形を整える。

❸ 半分に折り、折り山を切り取る

半分に折り、折り山の部分を四角形に切り取る。
＊折り山でない角はまるく切る。

❹ 開いて貼る

開いて貼り、文字を書く。
＊貼る時はやぶれたりよれたりしやすいので気をつける。

variation

イラストと組みあわせると、キャラクターも作れます。

数字スタンプがあれば
オリジナル時計も
作れます

using stationeries

スタンプ

NO. 6
時計スタンプ
ダイアリー

時計スタンプを使い、日記を作ってみました。予定を油性ボールペンで書き込んだあと、項目ごとに水性ペンで背景を塗り、色分けしていきます。

used items

コクヨ 測量野帳 スケッチブック／サンビー 通信簿用 評価印 時計印 大／スリップオン ウッドボックススタンプ（アルファベット、ナンバー）／シヤチハタ スタンプ台 中形 藍色／三菱鉛筆 ジェットストリーム スタンダード 0.38mm（黒）／呉竹 ZIG クリーンカラーリアルブラッシュ（028 ペールピンク、036 ライトブルー、045 ペールグリーン、051 レモンイエロー、071 ナチュラルベージュ）

how to make

①

時計の
スタンプを押す

左右のページの中央に、時計のスタンプを押す。

②
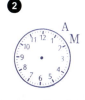
英文字の
スタンプを押す

左ページにAとM、右ページにPとMのスタンプを押す。

③

数字の
スタンプを押す

左ページの右上に、日付の数字スタンプを押す。

how to use

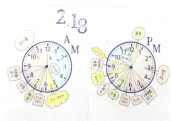

出来事を書き込み、色分けする

午前と午後それぞれの出来事を書き込み、項目ごとに色を塗る。
＊ジェットストリーム、クリーンカラーリアルブラッシュを使用。

point

上下に余白があるので、メモ欄にしたり、1日を振り返って気がついたことを書きます。

スケジュール欄はおもな出来事の時間だけスタンプを押せばOKです

how to make

using stationeries

スタンプ

No. 7

バーチカル スタンプダイアリー

① 日付などのスタンプを押す

ページの上を少しあけ、端からはみ出しぎみに縦に日付を、その横に曜日と時間のスタンプを押す。
＊机が汚れないように手帳の下に不要な紙を敷く。インキはブラックを使用。

② 出来事と日記を綴る

スケジュール欄に出来事を、ページ下に日記を書く。
＊ブラック、ブルーブラックを使用。

1日のおわりにスタンプを押しながら作る日記。何時に何をしたのか、バーチカルにログしていきます。その日の気分にあわせ、デザインをあしらえば完成。デザインを形作る時も、スタンプを使います。

used items

コクヨ 測量野帳 スケッチブック／スリップオン ウッドボックススタンプ（アルファベット、ナンバー）／シヤチハタ イロドリパッド ブーケタイプ／呉竹 ZIG クリーンカラーリアルブラッシュ（038 ピーコックブルー、063 オーカー）／パイロット ジュースアップ04（ブラック、ブルーブラック）／不要な紙

③ イラストを描く

気分にあわせてイラストを描く。
＊ピーコックブルー、オーカーを使用。

④ イラストを完成させる

英文字スタンプを押し、イラストを仕上げる。
＊インキはグレーを使用。

variation

毎日違うデザインでも、日付、曜日、時間、文字をいつも同じ色にすると統一感が出ます。
＊クリーンカラーリアルブラッシュ（036 ライトブルー、051 レモンイエロー、091 ライトグレイ）、水色のインキを使用。

ポケットはざっと塗ってジーンズっぽくし、それぞれ違うステッチを描きます

using stationeries

紙・クラフト紙

No. 8

ポケットダイアリー

ポケットの中のメモに1日ずつ出来事を綴っていく日記。ジーンズ風のデザインにし、ブルーとイエローの2色でアクセントづけしました。

used items

トラベラーズノート リフィル 無罫／呉竹 ZIG クリーンカラーリアルブラッシュ（037 コーンフラワーブルー、050 イエロー）／寺西化学工業 ラッションドローイングペン 0.3mm（黒）／三菱鉛筆 ユニボールシグノ 太字（ホワイト）／ラミー サファリ シャープペンシル（または鉛筆）／クラフト紙（3.4×3.9cm）6枚／黒紙（3.4×5cm）1枚／白紙（A5サイズ程度）1枚／プラス フッ素コートタイプ ステンレスはさみ（ブラック）／スティックのり

how to make

① ポケットを下描きする
ページを横に4等分、縦に2等分し、ポケット1つあたりのサイズを出し、白紙に下描きする。
＊シャープペンシルを使用。

② ポケットを作る
下描きを清書し、ポケットの色を塗り、輪郭に沿ってステッチを描いて切り取る。
＊青（4枚）はコーンフラワーブルーとホワイト、黄色（3枚）はイエローと黒を使用。

③ イラストを描き、月名を書く
左上にポケットのイラストを描き、月名を書く。
＊黒を使用。

④ ポケットを貼り、仕上げる
ポケットになるように、裏にのりを塗って手帳に貼り、それぞれ異なるステッチを描く。

⑤ メモを作り、ポケットにしまう
クラフト紙と黒紙の一番上に日付と曜日を書き、上から順にポケットにしまう。
＊紙のサイズはそろえてもOK。文字は黒とホワイトを使用。

何を飛び出させるかは
アイデア次第

how to make

using stationeries
紙・クラフト紙
No.9
しかけふせん

ぴょんと飛び出すしかけふせん。要点が目立つだけでなく、ほっこりメッセージを書いておくと、手帳を開くたびに癒されます。

used items

クラフト紙（茶色、黒）／プラス フッ素コートタイプ ステンレスはさみ（ブラック）／三菱鉛筆 ユニボール シグノ 太字（ホワイト）

①クラフト紙を用意する
使いたいサイズにクラフト紙を切る。
＊茶色を使用（以下同）。

②クラフト紙を半分に折る
クラフト紙を裏返し、両端が重なるように、半分に折る。

③角に折り目をつける
折り重なった下端の角を折りあげ、折り目をつける。

④角を切る
折りあげた部分をひろげ、折り目に沿って切る。

⑤マスキングテープを貼る
❹で切り取った幅ぐらいにマスキングテープを2枚切り、クラフト紙を開いて両端に貼る。

手帳に貼る

クラフト紙を表に返し、手帳の真ん中から少し離れたところに片端を貼る。もう片端は、手帳を少し開いた状態で貼る。
＊クラフト紙の中心と手帳の真ん中がぴったりあい、やや折りたたまれた状態になるように貼る。

吹き出しを貼る

❻の片側に、黒のクラフト紙で吹き出しを作って貼る。
＊文字はホワイトを使用。

memo

吹き出しふせんの作り方もご紹介。吹き出し口の場所を決め、クラフト紙を吹き出しの形に切るだけで完成。

variation　土台を作ったら（工程❶〜❻）、あとはアイデア次第でいろいろなしかけふせんが作れます。

イラストをかたどったしかけふせんは、紙に描いたイラストを切り抜き、吹き出しと一緒に土台に貼るだけ。この場合も片側に貼ります。

飛び出すおうちなど、少し複雑なしかけふせんも作れます。おうちを作ったあと、正面中心から半分に折りたためるように折り目をつけて土台に貼れば完成。正面と屋根の中心を手帳の真ん中にぴったりあわせることを忘れずに。

using stationeries

紙・クラフト紙

No.10
クラフト吹き出し

イラストの切り抜きと組みあわせれば楽しさ倍増

how to make

紙に吹き出しを描く
クラフト紙にいろいろな形の吹き出しを描く。
＊ドローイングペン　ブラッシュを使用。

切り取り、のりをつけて貼る
吹き出しの形に切り取り、裏にのりをつけて貼る。

シール感覚で使える吹き出し。紙に吹き出しを描いて切り取り、のりで貼って使います。おすすめはクラフト紙で作ったもの。独特の味わいがあります。

used items

クラフト紙／寺西化学工業　ラッション　ドローイングペン 0.3mm（黒）、ブラッシュ（黒）／プラス　フッ素コートタイプ ステンレスはさみ（ブラック）／スティックのり
＊上の写真では、P74「顔トラッカー」も使用。

variation 看板やハートなど、思いのままにアレンジしてみてください。
＊文字はドローイングペン　0.3mmを使用。

ユーモア重視で楽しく
愉快に作りましょう

using stationeries

シール

No. 11
シール日記

かわいいシールと吹き出しで作る日記です。シールは、内容にあうものはもちろん、キャラクターとして活躍してくれそうなものを選びます。

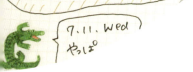

コクヨ　測量野帳　スケッチブック／キングジム　ちいさく持てるダイアリーシール　キッタ　モジカバー（アニマル、フラワー）／新日本カレンダー　暦生活スケジュールシール／パイロット　ジュースアップ04（ブラック、ゴールド）

how to make

❶

シールを選んで貼る
シールを選び、やや端に貼る。

❷

吹き出しを描き、日記を書く
シールにつながるように吹き出しを描き、日記を書く。
＊ブラックを使用（以下同）。

❸

再びシールを選んで貼る
吹き出しを描くスペースを想定しながら、先に貼ったシールと反対側の端にシールを貼る。

❹

吹き出しを描き、日記を書く
シールにつながるように吹き出しを描き、日記を書く。❶〜❹を繰り返す。

memo

花や動物、スイーツはもちろん、季節の行事を細々とまとめたものなど、魅力的なシールがたくさん発売されています。かわいいマスキングテープの模様を切って使うのもおもしろいアイデアです。

喜怒哀楽、表情豊かに
作ってみてください

輪っかのシールと顔のイラストを組み
あわせて、キャラクターを作ってみま
した。イラストを描いてからシールを
貼るので、水性ペンも使えます。

used items

キングジム　ちいさく持てるダイアリーシー
ル　キッタ　サークル（キカガク）／三菱
鉛筆　ジェットストリーム　スタンダード
0.38mm（黒）／呉竹　ZIG　クリーンカラー
Ⅱ（42　ターコイズグリーン）

how to make

using stationeries

シール

No.12

輪っかシール
イラスト

❶

顔を描く

シールイラストを描きたい場所に
目、口、鼻を描く。
＊黒を使用。

❷

シールを貼る

シールの中央に顔が収まるように、
イラストの上からシールを貼る。

variation

輪っかのシールがなくても、マスキン
グテープで代用できます。マスキング
テープを四角形に切って裏にはがしや
すい紙を貼り、半分に折って折り山と
外側をまるく切るだけ。模様のあるも
のでも、かわいらしく仕上がります。

四角形のシールイラストも
おすすめです。輪っかの
シールを作る場合と同様に
マスキングテープを用意
し、折り山を四角形に切り
取ればできあがり。

memo

吹き出しをつけてコメントをプラ
スすれば、より生き生きとし
たキャラクターになります。
＊ターコイズグリーンを使用。

おすすめは黄色のラベル
どの表情にもマッチします

using stationeries

シール

No.13

端からこんにちはシール

学校でよく見かけたカラーラベルでキャラクターを作りました。要点を目立たせるだけでなく、ユーモア満点。元気の出るイラストシールです。

used items

カラーラベル 丸型 15mm（イエロー）／ゼブラ マッキー 極細（黒）／パイロット ジュースアップ 04（ブラック）／プラス フッ素コートタイプ ステンレスはさみ（ブラック）

how to make

シールを切り、顔を描く
シールを½、¼など好きな形に切り、目、口、鼻を描く。

how to use

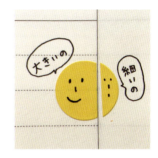

上下左右の罫線に沿って貼る
上下左右の罫線にぴったりあわせてシールを貼る。

variation　アレンジ自由自在。楽しく工夫して使ってください。

強調したい部分に顔が向くように、上や横から顔を出して。

より強調したい時は手を描きたしても。

アイコンがわりに使って。

わたしの プライベート手帳

「どんな手帳を、どんな風に使っているの？」と
よく質問されます。そこで、ほんのわずかですが、
手帳やノートをお見せしようと思います。

使っているのは3つ

スケジュール帳、「仕事用ノート」、「何でもノート」の3つを使っています。
スケジュール帳は、持ち運びしやすいサイズのものを選び、
毎日のスケジュールを管理したり、日記をつけたり。
手帳を開かなくても日付と曜日がわかるように、
表紙にカレンダーのついたものを選びました。
「仕事用ノート」は、インスタグラムの試し書きをしたり、
仕事のメモをしたり、かわいいと思うフォントなどをストックしたり、
情報収集や手帳作りのおともに使っています。
「何でもノート」は、使いやすいように
ルーズリーフに表紙やリングをつけて手作りしました。
以前使っていたノートをコピーして貼り、
要件を引き継いだり、日記にしたり、「何でもアリ」で使っています。

プチお役立ち テクニック 1

内緒ごとはマスキングテープで隠す

隠したい部分の約2倍の長さにマスキングテープを切り、片端を少しあけて貼りあわせ、二重にします。あとは貼るだけです。

プチお役立ち テクニック 2

書きまちがえたらシールで隠す

まちがえたら、修正テープで消し、上にシールを貼って隠すのがおすすめです。上手にカバーできて、気にならなくなります。

◀「仕事用ノート」
ダイアリーですが、マンスリー以外の382ページが方眼ノートなので、ノートとして重宝しています。
＊コクヨ Drawing Plus ドローイング ダイアリー Heavy レッド

▼「スケジュール帳」
横長の手帳なので狭い机でも場所を取りません。
＊ラコニック B6/Y ワークダイアリー ホワイト

「何でもノート」▶
表紙、ルーズリーフ、リングで手作りしました。リング用の穴を開けるために一部、専用パンチを使っています。
＊表紙：黒厚紙／ルーズリーフ（3種類使用）：マルマン 書きやすいルーズリーフ A5（5mm方眼罫、無地）、コクヨ Campus ルーズリーフ さらさら書ける 5mm方眼罫 A5／リング：カール事務器 ルーズリング／パンチ：カール事務器 ゲージパンチ

chapter

4

飾る

文字を飾ったり、イラストを描いたり、
少し手を加えるだけで、
手帳は見違えるほど機能的で楽しいものになります。
手帳を自分らしく手軽にカスタマイズできるアイデアをご紹介します。

decorations
文字
No. 1

飾り文字・数字

書きたいことや要点を目立たせながら、
デザイン性もアップさせる飾り文字。
ここでは2つのパターンをご紹介します。

pattern 1 　輪郭を描いただけのベーシックなもの

ABCDEFGHIJKLM
NOPQRSTUVWXYZ
1234567890

好きな色で塗ったり、模様を描いたり、アレンジはこれからはじまります。

arrange　ABCDEFGHIJ

pattern 2 直線や曲線で区切ったもの

ABCDEFGHIJKLM
NOPQRSTUVWXYZ
1234567890

CやJなど区切りづらい文字は、線の入れ方をそろえれば統一感が出ます。

arrange
KLMNOPQRST

decorations
文字
No.2

影つき文字・数字

文字や数字に影をつけると奥行きが出て、立体的に見えます。
影のついた文字や数字は、光がさす1つの方向を意識すると上手に描くことができます。

> 左からさす光を想定して描いたもの

A B C D E F G H I J K L M
N O P Q R S T U V W X Y Z
1 2 3 4 5 6 7 8 9 0

飾り文字のように、色を塗ったり、模様を描いても。

decorations
線・形
No. 3

タイトル飾り

ささいなメモにもタイトルをつけると、手帳が機能的に整います。
ここではタイトルまわりを飾る線や形をご紹介します。

pattern 1　いろいろな線

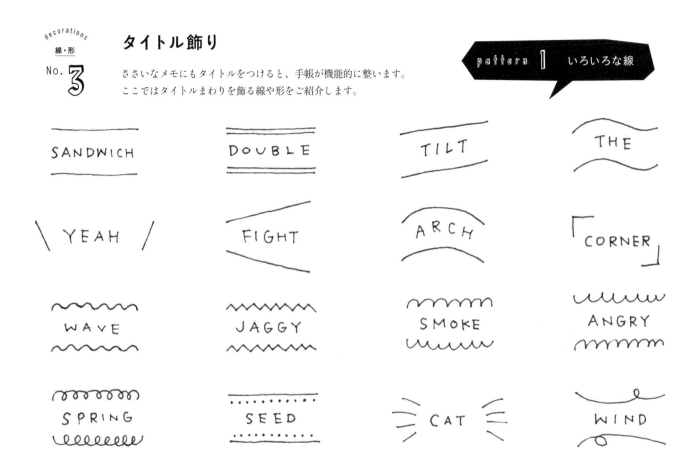

簡単な飾りでも、アイデア次第で魅力的なものになります。

pattern 2 フレーム

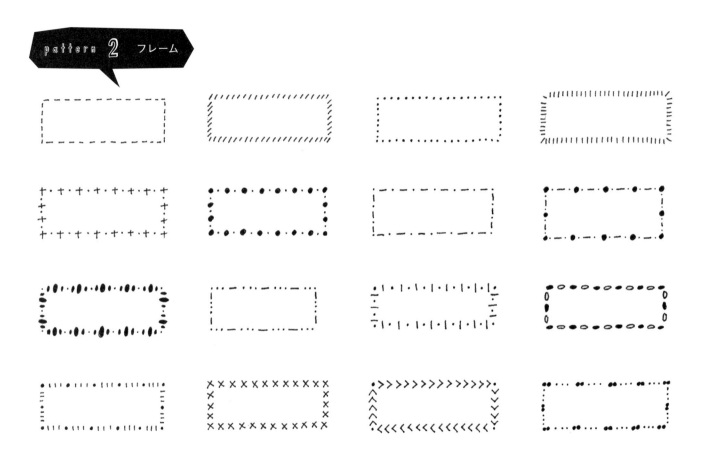

線をアレンジしていろいろなフレームにしてみました。

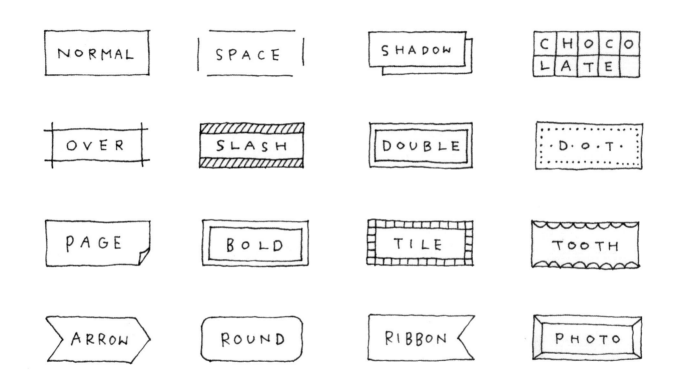

四角形をベースにしたフレームもちょっとしたアイデアで印象の異なるものができあがります。

 pattern 3 三角形

 ARROW

 HORIZONTAL

 TREE

  MIX

 DOUBLE

 CORNER

 SPACE

 GARLAND

 FOUR

 TWO

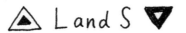 L and S

 BICOLOR

向きをかえたり、重ねたり、さまざまに組みあわせると、インパクトのあるものに。

pattern 4　文字とアレンジ

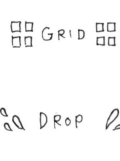

線、形、文字を1つのまとまりと考え、アレンジを加えました。

decorations
イラスト
No. 4

まる四角イラスト

まると四角形をベースにしたイラストは、ページのアクセントづけやマーキングに重宝します。
簡単に描けるイラストをいくつかご紹介します。

pattern 1　まる

色を使うとより生き生きとしてくるモチーフも。

まるイラストのアレンジ

1円玉と500円玉を使って
三日月を描いてみました。

used items

クオバディス　ライフジャーナル　5mmドット方眼ノート　ページ番号つき／呉竹　ZIG クリーンカラーリアルブラッシュ（010 ブラック、050 イエロー）／ラミー　サファリ　シャープペンシル（または鉛筆）／1円玉／500円玉

how to make

❶

500円と1円の輪郭をなぞる

500円玉をおいて輪郭をなぞる。続けて右端に1円玉をあて、輪郭をなぞる。

❷

三日月を描き、色を塗る

三日月の形と顔を描き、色を塗る。
＊シャープペンシル、イエローを使用（以下同）。

❸

星を描き、色を塗る

三日月の側に星を描き、色を塗る。

❹

文字を添える

moonの文字を描く。
＊ブラックを使用。

variation

顔の表情をかえると印象もかわります。

107

顔を描いたりデフォルメしたり、使いやすいのが特徴。ユーモアたっぷりに描くのがおすすめです。

decorations
イラスト
No. 5

予定アイコン

予定を表すアイコンになるイラストをご紹介します。
次のイラストを参考に、オリジナルのイラストにもチャレンジしてみてください。

アイコンいろいろ

言葉から連想するモチーフなら、何でもアイコンになります。

decorations
イラスト
No. 6

ちょいたしイラスト

デコレーションにイラストを使うと、ページが生き生きと見えてきます。
ここではちょっとたすだけの簡単なイラストをご紹介します。

＊呉竹　ZIG　アート　アンド　グラフィック　ツイン（001　イエロー、031　ライトブルー、042　ブライトイエロー、049　ベージュ、200　シュガードアーモンドピンク、505　グリーンシャドー、550　エメラルドグリーン、602　イングリッシュラベンダー、805　グレイティント）、パイロット　ジュースアップ03（ブラック）、三菱鉛筆　ジェットストリーム　スタンダード　0.38mm（黒）を使用。

コーヒー	パン	いか	車	スマホ	カメラ	注意	おばけ	手紙	家

ねこ	いぬ	くま	いるか	うさぎ	トラ	ハムスター	ライオン	ぞう	パンダ

ペンギン	ひよこ	セキセイインコ	オカメインコ	コザクラインコ	桜文鳥	オオハシ	シロフクロウ	メンフクロウ	スピックコノハズク

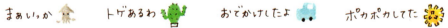

まあいっか　トゲあるわ　おでかけしたよ　ポカポカしてた

体まで描くのは難易度高め

decorations
イラスト
No.7 リース

メモのタイトルや
メッセージを書くなど、
あれこれ活用できる
リースのイラストをご紹介します。

used items

寺西化学工業　ラッション　ドローイングペン 0.05mm（黒）／パイロット　ジュースアップ 03（ブラック）、04（ゴールド）／ラミー　サファリ　シャープペンシル（または鉛筆）

how to make

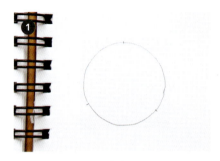

まるを描く

枝のベースになるまるを描く。
＊枝を複数描く場合、長さが均等になるように印をつけておく。シャープペンシルを使用。

枝を描く

まるをなぞりながら、枝を描く。
＊ドローイングペンを使用。

葉を描く

小枝に葉を描く。
＊ドローイングペンを使用。

色を塗り、文字を書く

葉に色を塗り、中央やまわりに文字を書く。
＊ジュースアップを使用。

variation

まるの下描きに沿って花を描いてもかわいいリースができあがります。

decorations
イラスト
No. 8

リースのシール

リースのイラストを
アレンジして
シールを作ってみました。

used items

リースのイラスト／パイロット ジュースアップ04（ブラック、メタリックグリーン）／プラス フッ素コートタイプ ステンレスはさみ（ブラック）／スティックのり

how to make

❶

リースを切り抜く
リースの形に沿って切る。

❷

文字を書く
リースの中央に文字を書く。
＊ブラックを使用。

❸

色を塗る
葉に色を塗る。
＊メタリックグリーンを使用（以下同）。

❹

文字に色を塗る
文字の中など、色を塗る。

❺

のりをつけて貼る
裏にのりをつけ、手帳に貼る。

decorations
写真
No. 9

ポップな色を使えば
楽しく元気な
ページになります

ポラロイド風
コラージュ

雑誌の記事みたいに、写真を整理できるコラージュです。写真は、写真そのものでも、コピーしたものでもOK。日々の日記はもちろん、旅や映画、ファッション、グルメ、イベントなど、コレクションページ作りにもおすすめです。

used items

トライストラムス　レフト＆ブロックウィークリー／パイロット　ジュースアップ04（ブラック、ゴールド）／三菱鉛筆　ユニボールシグノ　太字（ホワイト）／写真（または写真の切り抜き）　大1枚、中1枚、小2枚／白い紙　数枚（写真の切り抜きが貼れるだけ用意）／クラフト紙／プラス　フッ素コートタイプ　ステンレスはさみ（ブラック）／スティックのり

how to make

写真（小）にあわせて紙を用意する

ポラロイド写真風になるように、写真より縦にやや大きな紙を2枚用意する。

紙に写真（小）を貼る

ポラロイド写真をイメージしながら、紙の下部があくように写真（小）を貼る。
＊凸凹しにくいテープのりもおすすめ。

手帳に写真（大）を貼る

左ページの上の端にあわせて写真（大）を貼る。

ポラロイド風写真を上から貼る

写真（大）の下半分に重なるように、ポラロイド風写真を1枚貼る。

右ページに写真（中）を貼る

左端にあわせて写真（中）を貼る。

残りのポラロイド風写真を貼る

写真（中）の上に少し重なるように、もう1枚のポラロイド風写真を貼る。

ふせんを貼り、メモを書く

少しずつずらしながら、ふせんをポラロイド風写真に貼り、メモを書く。
＊ブラックを使用。

メモを書いたり、文字を飾る

ポラロイド風写真の余白や写真の上にメモを書いたり、文字を飾る。
＊ブラック、ゴールド、ホワイトを使用。

decorations
写真
No. 10

切り抜きコラージュ

身のまわりを注意して見ると、意外なものが実は使えるアイテムだったりします。ここで使っているスーパーのチラシもその1つです。チラシを彩る野菜やフルーツ、餃子を輪郭に沿って切り抜き、顔を描いたり、吹き出しをたしたりすると、瞬く間に生き生きとかわいいキャラクターになります。

used items

コクヨ 測量野帳 スケッチブック／パイロット ジュースアップ04（ブラック、ゴールド）／三菱鉛筆 ユニボールシグノ 太字（ホワイト）／写真の切り抜き 数枚／スティックのり

日頃から使えそうな写真をストックしておくと便利

how to make

① 切り抜き写真を用意する
写真の切り抜きに余白があれば、輪郭に沿って切る。

point
余白をすべて切り取るほうが、使い勝手もヴィジュアルの魅力もアップします。

② 切り抜き写真を貼る
切り抜き写真を手帳にランダムに貼る。

point
時には、手帳の端からちょこんと顔を出しているかのように、貼ってみてください。動きが出て生き生きとしてきます。

③ イラストや切り取り線を描く
切り抜き写真に顔を描いたり、写真を囲むように切り取り線を描く。
＊ブラックとゴールドを使用。

④ 余白を整える
ページの余白が気になるなら、さらに切り抜き写真を貼ったり、吹き出しをつけたり、あしらいの文字を書いたりする。

117

recommended items
おすすめアイテム

手帳を「書く」「作る」「彩る」「飾る」のに役立つアイテムをご紹介します。
文具好きにはたまらない魅力的なものばかりです。ぜひチェックしてみてください。

**モレスキン
クラシック ノートブック
ポケットサイズ 5mm ドット方眼**

ピカソやヘミングウェイなど、画聖や文豪に愛されたフランス生まれの手帳。撥水加工の表紙、マチつきポケット、手帳をとめるゴムバンド、しおりリボンなど、機能性も抜群です。シリーズにはプレーン、横罫、方眼のタイプもあります。

**モレスキン
タイム ノートブック
ラージサイズ　横罫**

近代ヨーロッパの古書の装飾をイメージしたモチーフが銀の箔押しであしらわれたノート。巻頭にコンテンツページがあり、各ページはナンバリングされているので、バレットジャーナルやコレクションノートにおすすめです。

**エイ ステーショナリー
ES ダイアリー　2019年1月始まり
A5 バーチカル＋メモ式**

左はウィークデーのバーチカル式スケジュール欄、右はウィークエンドの日付つき5mm方眼のメモ欄。フラットに開く糸かがり製本なので、ゆったりと書きやすい。付属ページも地図など充実のラインアップで機能性抜群の手帳です。

▼ inside

▼ inside

▼ inside

＊モレスキン・ジャパン
https://www.moleskine.co.jp/

＊モレスキン・ジャパン
https://www.moleskine.co.jp/

＊枻出版社
https://www.ei-publishing.co.jp/product/es/

schedule planner & notebook 手帳&ノート

クオバディス
エグゼクティブノート
16×16cm ウィークリーバーチカル（レフィル）

フランス発のクラシカルな手帳は、おしゃれなだけではありません。重要事項がメモできるドミナント、バーチカルなスケジュール欄、広いメモ欄のほか、カットしていけば使用中のページがすぐに開けるミシン目つきで超機能的です。ここでは和気文具オリジナルカバーをかけています（https://www.wakibungu.com/fs/bungu/wk-0033）。

▼ inside

＊クオバディス・ジャパン
https://www.quovadis.co.jp/

ライフ
マージンノート
A5 5mm 方眼 マージン罫入

大人気のノーブルノートを手がける日本の老舗ブランド、ライフのマージン罫入りノート。書き心地抜群のLライティングペーパーホワイトを使ったり、開きやすくて丈夫な糸綴じわけ折製本にしていたり、こだわり抜かれた1冊です。

▼ inside

＊ライフ
http://life-st.jp/conts/

ロディア
ゴールブック
A5 5mm ドット方眼

文字が空押しされたイタリア製合皮の表紙に、書き心地のよいベラム紙のインデックス、カレンダー、ドット方眼の各ページが綴られた手帳。ページはナンバリングされているので、バレットジャーナル、コレクションノートに最適です。

▼ inside

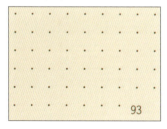

＊クオバディス・ジャパン
https://www.quovadis.co.jp/

pen
ペン

呉竹
ZIG　クリーンカラーリアルブラッシュ

ペン先が筆タイプの水性染料のカラーペン。筆圧のかけ方によってさまざまな太さの線が描けます。ペン先に水をつけて色の濃淡を調整したり、2本のペン先を重ねて混色することも可能。豊富なカラーバリエーションも魅力です。

＊呉竹
http://www.realbrush.jp/
（ZIG クリーンカラーリアルブラッシュ）

寺西化学工業
ラッション　ドローイングペン

水性顔料のドローイングペン。ラインアップは、ペン先が筆になったブラッシュのほか、0.03〜1.0mmの8種類がそろう全9種類。面を塗るのに使うブラッシュ、細い文字や線に使う0.1mm、太めの線に使う1.0mmの3本がおすすめです。

※「マジック」「マジックインキ」は株式会社内田洋行の登録商標です。

＊寺西化学工業
https://guitar-mg.co.jp/

drawing sheet
ドローイングシート

コクヨ
ドローイングシート（定規兼下敷き）

13×21cmのドローイングシート。4つ角それぞれを起点に目盛がはじまり、全面に5mm方眼がプリントされています。使いやすいサイズなので、線を引くのにも図形を描くのにも重宝します。A5スリムサイズの下敷きとしても活用できます。

＊コクヨ
https://www.drawingplus.jp/

sticky note　ふせん

**キングジム
暮らしのキロク レシピ**

コンロがデザインされた手のひらサイズのふせん。レシピがコンパクトにまとめられるので、クッキングログにぴったり。シリーズにはダイエット、ムービー、レッスン、ベイビーなど、いろいろなテーマのふせんがそろっています。

＊キングジム
https://www.kingjim.co.jp/hitotoki/

あきスペースに貼ったり、レシピだけのページを作ったり。買い物や献立を考える時に重宝します。

masking tape　マスキングテープ

**マークス
水性ペンで書けるマスキングテープ
タイトル柄・手描きモノクロ**

フレームの手描き風モノクロイラストが6種類デザインされたマスキングテープ。文字やイラストを水性ペンで書き込むことができます。ミシン目がついているので、切り離しも簡単。手帳だけでなく、幅広いデコレーションに使えます。

＊マークス
https://www.online-marks.com/

「かわいいイラストが描けない」「水性ペンが使えない」「手ではうまく切れない」など、悩みを一挙解決してくれます。

**マークス
水性ペンで書けるマスキングテープ
日付柄・マーカー 2巻セット**

マーカーで日付とフレームを描いたようにデザインされたマスキングテープ。5種類の形が色とりどりにプリントされています。水性ペンが使えて、ミシン目のおかげで切り離しもラクラク。カラフルでポップな手帳ができあがります。

＊マークス
https://www.online-marks.com/

切って貼って曜日を書き込むだけなので、あっという間にカスタマイズできます。

epilogue
おわりに

この本を最後まで読んでいただいてありがとうございます。

インスタグラムで自分の手書き手帳を投稿しはじめた時に、
「いつかこれが本になればいいな」と考えていました。
それから約3年。

「これなら続けられそう！」
「私にもかわいく書けそう！」
徐々にこのようなコメントをいただけるようになりました。
コツコツ続けた投稿は700ポストを超え、フォロワーさまは10万人目前。
そんな時に書籍化のお声がけをいただきました。
あの時思った「本を作る」という1つの大きな夢が叶い、本当に本当にうれしく思います。

この本は自分ひとりの努力の結晶ではありません。
インスタグラムをご覧いただいている方々がいらっしゃらなければ、この本は生まれませんでした。
そして、日々の業務をこなす和気文具のスタッフをはじめ、
この本に携わっていただいたたくさんの方々の力をあわせてできた本です。
みなさまに心より感謝いたします。
ありがとうございました。

開くたびにワクワクする手帳になりますように。

今田 里美

今田 里美 （いまだ・さとみ）

和気文具アートディレクター。大阪にある老舗文具店「和気文具」の公式インスタグラムを担当。デザイナー経験を活かしたヴィジュアルジャーナル作りから一般的な手帳術の提案などをSNS・ウェブマガジンで発信している。簡単でかわいい、すぐに真似できるアイデアが人気を集め、インスタグラムのフォロワーは現在10万人を超える。
和気文具公式インスタグラム：@wakibungu
URL：https://www.wakibungu.com/

staff

デザイン	林あい（FOR）
写真	わだりか（mobiile,inc./ p1〜9、p20〜40・p50〜74の偶数ページ、p114、P116、P118-121）、今田里美、出野さやか
スタイリング	四分一亜紀
編集	鶴留聖代、石坂綾乃（KADOKAWA）
校正	文字工房燦光
制作協力	菊田純子、AWABEES、UTUWA

pattern paper

レモンダイアリー、お魚ダイアリー、しずくダイアリーの型紙です。
トレースしたり、コピーをして使ってください。

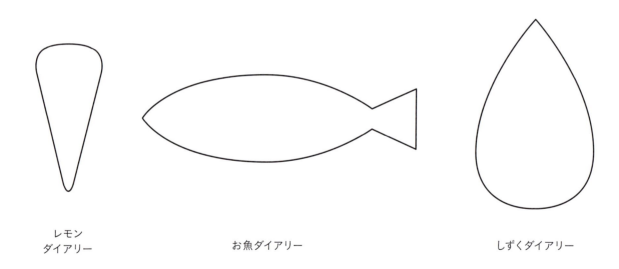

レモン
ダイアリー

お魚ダイアリー

しずくダイアリー

format 顔トラッカーのフォーマットです。
自分で作る際の参考にしたり、トレースやコピーをして使ってください。

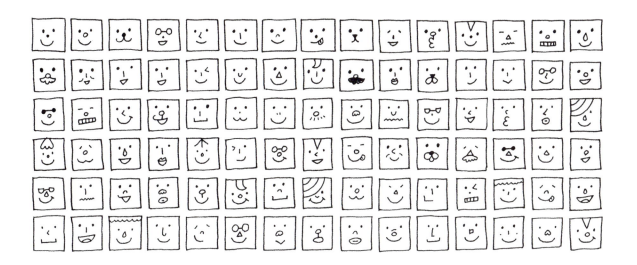

format

リースのフォーマットです。
自分で作る際の参考にしたり、トレースやコピーをして使ってください。

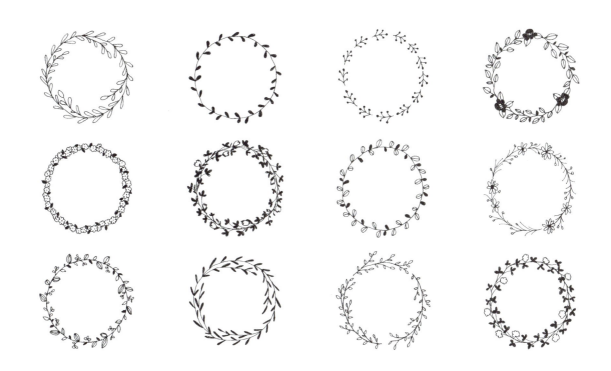

開くたびにワクワクする
和気文具の手帳アイデア

2019年4月25日　初版発行
2022年1月25日　6版発行

著者／今田　里美

発行者／青柳　昌行

発行／株式会社KADOKAWA
〒102-8177　東京都千代田区富士見2-13-3
電話　0570-002-301(ナビダイヤル)

印刷所／図書印刷株式会社

本書の無断複製(コピー、スキャン、デジタル化等)並びに
無断複製物の譲渡及び配信は、著作権法上での例外を除き禁じられています。
また、本書を代行業者などの第三者に依頼して複製する行為は、
たとえ個人や家庭内での利用であっても一切認められておりません。

●お問い合わせ
https://www.kadokawa.co.jp/ (「お問い合わせ」へお進みください)
※内容によっては、お答えできない場合があります。
※サポートは日本国内のみとさせていただきます。
※Japanese text only

定価はカバーに表示してあります。

©Satomi Imada 2019　Printed in Japan
ISBN 978-4-04-604171-5　C0077